儒学精神与中国梦　杨朝明◎著

儒学精神与中国梦

时代出版传媒股份有限公司
安徽文艺出版社

作者简介：

　　杨朝明，1962年生。中国孔子研究院院长、研究员、博士生导师。现任国际儒学联合会副理事长、山东孔子学会副会长兼秘书长、中国孔子基金会学术委员和《孔子研究》编委、山东周易学会副会长，山东历史学会副会长，中国诗经学会常务理事等。2009年荣获"山东省师德标兵"与"山东省优秀教师"称号，现为山东省政协常委。已出版《论语诠解》《孔子家语通解》等学术著作20余部，发表学术论文200余篇，曾多次应邀到韩国、日本、欧洲、澳门、香港、台湾等国家和地区讲学或参加国际性学术研讨交流活动。

RUXUE JINGSHEN YU
ZHONGGUO MENG

儒学精神与中国梦

杨朝明 ◎ 著

时代出版传媒股份有限公司
安徽文艺出版社

图书在版编目(CIP)数据

儒学精神与中国梦/杨朝明著.—合肥:安徽文艺出版社,2015.8(2015.12重印)

ISBN 978-7-5396-5605-2

Ⅰ.①儒… Ⅱ.①杨… Ⅲ.①中华文化-研究②儒学-研究-中国 Ⅳ.①K203②B222.05

中国版本图书馆CIP数据核字(2015)第282193号

出 版 人:朱寒冬　　　　　　　总 策 划:朱寒冬
责任编辑:宋潇婧　王婧婧　　　装帧设计:张诚鑫

出版发行:时代出版传媒股份有限公司　www.press-mart.com
　　　　　安徽文艺出版社　www.awpub.com
地　　址:合肥市翡翠路1118号　邮政编码:230071
营 销 部:(0551)63533889
印　　制:安徽新华印刷股份有限公司　(0551)65859551

开本:700×1000　1/16　印张:13　字数:126千字
版次:2015年8月第1版　2015年12月第2次印刷
定价:39.00元

(如发现印装质量问题,影响阅读,请与出版社联系调换)

版权所有,侵权必究

目 录

引言：儒学、中国梦与民族复兴 / 001

第一章　儒家的社会理想追求与人民的信仰 / 011

　一、孔子学说中有最基本的价值支撑 / 013

　二、孔子的"大同"思想与社会和谐 / 017

　三、"大同"思想学说中的丰富内涵 / 025

　　（一）"天下为公"与公共意识 / 025

　　（二）"选贤与能""讲信修睦" / 029

　　（三）"立爱自亲始"的仁爱之道 / 030

　　（四）社会和谐，人心和顺 / 032

第二章　儒学精神是中国传统文化的核心与精髓 / 035

　一、儒学精神是一种深层的哲学文化 / 037

　　（一）文化学视野中的儒家文化 / 037

（二）重新认识孔子的道德学说 / 048

（三）关于儒家的"中道"哲学 / 059

二、儒学精神是中华传统文化的代表 / 074

（一）儒学在传统文化中的地位 / 074

（二）儒家文化的巨大生命力 / 077

（三）儒学与社会关系的三阶段 / 081

第三章　儒学精神与社会主义核心价值观建设 / 091

一、儒学精神在当代中国的意义 / 093

（一）孔子文化与当代中国社会 / 093

（二）关于儒家文化的教化意义 / 101

（三）孔子智慧：树立人民信仰的文化支撑 / 111

二、扎根数千年文化，筑牢价值观基础 / 130

（一）道以明德，德以尊道——构建核心价值观的意义 / 131

（二）政者正也，正身修己——抓住价值体系建立的关键 / 134

（三）以德兴国、以德立人——从数千年文化中汲取营养 / 138

（四）扣好人生第一粒扣子——放眼民族兴旺的百年大计 / 142

三、中国儒学与传统的廉政思维 / 147

（一）"文武之政"与"纠察" / 147

（二）孔子谈"正法"与"论吏" / 152

（三）正身修教与"廉平" / 156

（四）义利关系与"廉节" / 164

第四章　儒学精神为实现中国梦提供丰富养分 / 171

一、崇尚正义与传统文化的基本精神 / 173

二、用传统"八德"照亮世道人心 / 176

（一）为什么要讲"德" / 176

（二）"八德"是怎样形成的 / 179

（三）怎样理解"八德" / 183

（四）"八德"与"明理" / 189

（五）"八德"历久弥新 / 191

结语：中国贡献给世界的最伟大礼物 / 195

引言：
儒学、中国梦与民族复兴

中国梦的实现必须建立在中华民族共同信仰的基础之上，它蕴含着极其丰富的历史底蕴和文化元素。中华优秀传统文化推崇自强不息、厚德载物，倡导"天下为公"，追求天下"大同"。这些来源于儒家精神的优秀思想为中华民族伟大复兴中国梦的建构提供了丰富养料，使中国梦与中华优秀传统文化血脉相连。

儒学，即儒家之学。说起来，它好像只是属于中国传统思想文化的范畴，其实，由儒学的特性所决定，它不仅深深影响了一代又一代的中华儿女，成为中华传统文化的基本底色，而且今天依然存在于广大民众的心理深层，滋养着国人的价值信仰。中华民族伟大中国梦的实现，不能离开中国优秀的儒家文化。

中国梦，是中国共产党召开第十八次全国人民代表大会以来，习近平总书记所提出的重要指导思想和重要执政理念。中国梦正式提出于2012年11月29日，习近平总书记的话界定了中国梦的内涵，他说，"实现中华民族伟大复兴，就是中华民族近代以来最伟大梦想"，他坚定地表示，这个梦"一定能实现"。

中国梦的核心目标也可概括为"两个一百年"，即到2021年中国共产党成立一百周年和2049年中华人民共和国成立一百周年时，逐步并最终顺利实现中华民族的伟大复兴，具体表现是国家富强、民族振兴、人民幸福，实现途径是走中国特色社会主义道路、坚持中国特色社会主义理论体系、弘扬民族精神、凝聚中国力量，实施手段是政治、经济、文化、社会、生态文明五位一体建设。

不言而喻，中国梦内涵丰富，意蕴深远，凸显了以人为本、家国天下的情怀。国家不富强，就难以摆脱被人欺侮的厄运；民族不复兴，怎能担当"龙的传人"？强国才能富民，国强是民富最根本的安全保障，民富则是国强的内生动力。没有人民富裕，发展就不算成功；没有人民幸福，复兴就不算完成。

实现中华民族伟大复兴，当然不是简单地重寻昔日的荣光，而是要让曾经饱受列强欺侮，迄今还是发展中国家的中国经济发展、政治昌明、文化繁荣、社会和谐，到21世纪中叶成为富强、民主、文明、和谐的社会主义现代化国家；让中国人民有更好的教育、更稳定的工作、更满意的收入、更可靠的社会保障、更高水平的医疗卫生服务、更舒适的居住条件、更优美的环境；让孩子们成长得更好、工作得更好、生活得更好；让中国人民过上更加富裕、更有尊严的生活，实现每个人自由而全面的发展。如果是这样，中国就能以更加积极主动的姿态参与国际事务，共同应对全球性挑战，共同破解人类发展难题。

不难看出，"国家富强、民族振兴、人民幸福"的中国梦是国家的梦、民族的梦，也是每一个中国人的梦。这就像习近平总书记深刻指出的，"中国梦归根到底是人民的梦"，因为"国家好、民族好，大家才会好"。他的这些重要论述，深刻阐释了中国梦的本质和丰富内涵，阐释了国家、民族、个人在实现中国梦的过程中相互依赖、相互依存的辩证统一关系。可见，中国梦的实现，其深邃力量源自每个人的内心，来自人们的价值追求。所以,习近平总书记说:"人民有信仰,民族有希望,国家有力量。"

人民的信仰就是社会的价值体系。习近平总书记指出:"人类已经有了几千年的文明史,任何一个国家、一个民族都是在承先启后、继往开来中走到今天的,世界是在人类各种文明交流交融中成为今天这个样子的。"习总书记又指出:"文明特别是思想文化是一个国家、一个民族的灵魂。无论哪一个国家、哪一个民族,如果不珍惜自己的思想文化,丢掉了思想文化这个灵魂,这个国家、这个民族是立不起来的。"中国梦的梦想成真,必须立足于中华民族几千年来的文化发展,必须以解决人们的心灵依归为前提。

今天的中国是历史的中国的延续,我们不能割断历史。认识今天的中国,必须了解历史的中国。2013年8月19日,习近平总书记在全国宣传思想工作会议上发表重要讲话,指出要胸怀大局,把握大势,着眼大事,努力把宣传思想工作做得更好。他特别要求要引导人们更加全面客观地认识当代中国,看待外部世界。宣传阐释中国特色,要讲清楚每个国家和民族的历史传统、文化积淀、基本国情不同,其发展道路必然有着自己的特色;讲清楚中华文化积淀着中华民族最深沉的精神追求,是中华民族生生不息、发展壮大的丰厚滋养;讲清楚中华优秀传统文化是中华民族的突出优势,是我们最深

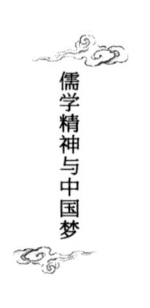

厚的文化软实力;讲清楚中国特色社会主义植根于中华文化沃土、反映中国人民意愿、适应中国和时代发展进步要求,有着深厚历史渊源和广泛现实基础。中华民族创造了源远流长的中华文化,中华民族也一定能够创造出中华文化新的辉煌。独特的文化传统、独特的历史命运、独特的基本国情,注定了我们必然要走适合自己特点的发展道路。①

在讲话中,习近平总书记指出了对待我国传统文化和国外的东西的科学态度,要坚持古为今用、洋为中用,去粗取精、去伪存真,经过科学的扬弃后使之为我所用。习总书记也对我国传统文化有一个基本的定位,认为中华文化沉淀为中华民族的精神基因,构成了中华民族独特的精神标识,是我们"最突出的文化优势"和"最深厚的文化软实力"。这个定位说出了很多学者的心声。

中华民族的优秀传统文化以儒学为主干。儒学由孔子开创,后世儒家以孔子为宗师。《淮南子·要略》叙述儒学的产生说:"孔子修成、康之道,述周公之训,以教七十子,使服其衣冠,修其篇籍,故儒者之学生焉。"《汉书·艺文志》则概述儒学的特点说:"儒家者流,盖出于司徒之官。助人君顺阴阳、明教化者也。游文于六经之中,留意于仁义之际。祖述尧舜,宪章文武,宗师仲尼,以其重言,于道为最高。"可见,"儒家之学"是孔子继往以开来,对中国五千多年历史文化的杰出贡献。

---

① 参见2013年8月21日《人民日报》。

儒学重"道",儒学正是在继承和弘扬"先王之道"的基础上形成的,历代儒家都以"道"为孜孜不倦的追求。儒家"于道为最高",孔子要求士人"志于道",他本人甚至说:"朝闻道,夕死可矣。"孔子儒家所谓"道"就是信仰,就是信念,就是价值体系、价值观念,孔子所确立和阐述的价值观念是中华文明最广泛的信仰构成。

显而易见,中国梦的实现必须建立在中华民族共同信仰的基础之上,它蕴含着极其丰富的历史底蕴和文化元素。中华优秀传统文化推崇自强不息、厚德载物,倡导"天下为公",追求天下"大同"。这些来源于儒家精神的优秀思想为中华民族伟大复兴中国梦的建构提供了丰富养料,使中国梦与中华优秀传统文化血脉相连。

在长期的历史发展中,中华民族形成了自己传统的价值观,这些价值观也都为大家所共知,比如"四维""五常""八德"。"四维"就是"礼、义、廉、耻","五常"就是"仁、义、礼、智、信","八德"就是"孝、悌、忠、信、礼、义、廉、耻"。社会主义核心价值观的二十四字表述,我认为与传统价值观的内在精神是一致的。

可以这么理解,社会主义核心价值观的表述分成不同的层面,有国家层面,也有社会层面和个人层面。无论是国家还是社会,实际上都是由个体的人组成的。所以,一个人对于社会层面的理解和认识,对于国家层面的价值追求,实际上最终是归根到个人修身做人方面

的。社会主义核心价值观个人层面中的"爱国、诚信、敬业、友善",实际上就是在讲述修身做人的问题。如果社会中每个人做人的问题都解决了,那么,我们无论是作为一个"社会人"还是"国家人"的所有问题都能解决。

传统价值观中的"四维""五常"与我们现今的修身做人之间有关联,传统价值观中的"忠"和社会主义核心价值观中的"爱国"也是一致的,而"敬业"实际上就是传统价值观中的"义"。什么叫义?作为职业工作者,对自己的职业应该踏踏实实去做,"义者,宜也,断决得中也",也就是事情应当如此。敬业、诚信当然是"信",而"友善"就是讲述人与人之间如何处理关系。传统的价值观中最深层的内涵就是在解决如何修身做人的问题,而做人问题自古至今都是所有信仰的基础,也是不论传统还是现代价值观的核心问题,二者在精神上完全一致。

价值观念、精神追求等都属于"文化"的范畴。文化可以分为表层的物质文化、中层的制度文化、深层的哲学文化等不同层级。就各层级的关系而言,哲学文化对物质文化、制度文化起着决定的作用。从这个意义上说,哲学文化是文化最为重要、最为根本的方面。

就哲学文化而言,孔子儒学对中国的影响至大至巨。柳诒徵先生说:"孔子者,中国文化之中心也;无孔子则无中国文化。自孔子以前数千年之文化,赖孔子而传,自孔子以后数千年之文化,赖孔子而开。"① 钱穆先生说:"孔子为中国历史上第一大圣人。在孔子以前,中国历史文化当已有两千五百年以上之积累,而孔子集其大成。在孔子以后,中国历史文化又有两千五百年以上之演进,而孔子开其新统。在此五千多年,中国历史进程之指示,中国文化理想之建立,具有最深影响最大贡献者,殆无人堪与孔子相比伦。"② 梁漱溟先生说:"孔子以前的中国文化差不多都收在孔子手里,孔子以后的中国文化又差不多都从孔子那里出来。"③

关于孔子的历史影响和非凡地位,外国一些人持同样看法。例如,英国作家贡布里希说:"在孔子学说的影响下,伟大的中华民族比世界上别的民族更和睦和平地共同生活了几千年。"④ 1989 年,在"孔子诞辰 2540 周年纪念与学术讨论会"上,联合国教科文卫组织总干事代表泰勒博士则说:"如果人们思索一下孔子的思想对当今世界的意义,人们很快就会发现,人类社会的基本需要在过去的两千五百多年里,其变化之小是令人惊奇的。不管我们取得进步也好,或者缺少进步也好,当今一个昌盛、成功的社会,在很大程度上仍然是立足于孔子所确立和阐述的很多价值观念。"

中外人士的这些典型说法几乎人所共知!这些看法给我们以重要启示,即我们今天思考"中华民族核心价值观与中国梦",必须为数千年来深深影响着历代中

① 柳诒徵:《中国文化史》上册,上海:东方出版社,1988年,第231页。

② 钱穆:《孔子传》序言,北京:三联书店,2002年。

③ 梁漱溟:《东西文化及其哲学》,北京:商务印书馆,1999年,第150页。

④ 贡布里希:《写给大家的世界史》,南宁:广西师范大学出版社,2009年。

国人的价值观念苦下一番爬梳剔抉、陶冶浑成的功夫，将中华传统文化中符合现代中国实际、符合马克思主义基本精神的概念、范畴、观念加以选择。事实上，孔子的政治追求、政治理想、价值观念，在他对"大同"社会的表述及言论中都有阐发，包含了他对国民精神的希冀，作为中国历代士人的"宗师"，孔子的理想包含着数千年来中华民族的价值观念与精神追求，在今天依然能够发挥应有的作用。

第一章
儒家的社会理想追求与人民的信仰

一个民族的核心价值观是支撑其整个价值信仰体系的基础所在,内在地规定着这个民族的价值判断与行为走向,指示着这个民族的历史进程与文化理想。在孔子学说的影响下,中华民族比世界上别的民族更和睦、更和谐地共同生活了两千多年,直到今天,我们仍然立足于孔子所确立和阐述的许多价值观念。

在孔子那里,他理想的政治样板是夏、商、周三代"圣王"之治,此即《礼运》篇孔子所描述的"大同"社会,他的思想体系正是围绕这一社会政治理想阐发的。中国历代士人都"宗师仲尼",孔子的理想遂成为中华民族的价值取向与精神追求。

说到"大同"理想,人们还多数认为这是孔子的"假托",是"乌托邦式的空想",其实不然。《礼运》既见于《礼记》,又见于《孔子家语》。经过综合比较,我们发现《孔子家语》中的《礼运》篇更为可靠,人们对《礼运》篇严重存在着误解。孔子所说的应是他心目中三代"圣王"政治的实际,而不是所谓"五帝时期",更不是什么"空想"。在《礼运》篇的描述中,孔子所提到的"天下为公""选贤与能""讲信修睦""人不独亲其亲"以及仁爱和谐等观念,内涵丰富,都有"统宗会元"的功能,就像"大同"概念以及"天下为公"等已经被后代赋予新的时代意义那样,这些观念是孔子儒学基本的观念,也是当今应该共同认可并且自觉遵循的价值取向。

一、孔子学说中有最基本的价值支撑

任何社会的进步都首先应该是观念的进步,而社会观念一定深深植根于民族文化的土壤,没有民族文化的根基,就没有民族的立足点,就缺少民族的自立与自信,难以真正吸纳世界上其他的优秀文化成果。在构建中国特色社会主义和谐社会的今天,我们应该比近代以来的任何时期都珍视祖国优秀的传统文化,应该把孔子智慧作为和谐社会构建的基本文化支撑。

有人说:"一个国家,一个民族,只有拥有强大的哲学,才能建构强大的精神;只有哲学本体论上不谬,才能在精神和行为上不谬。小知而不能大决,小能而不能大成,囿于小知而不知大论,必极变而多私,必走向荒诞与种种非理性。"中华民族要真正强大起来,"就必须首先在精神上强大起来,在哲学本体论上站住脚跟,经纶天下之大经,立天下之大本,知天地之化育,然后才能与天地参,与万物化,建成强大昌盛的民族国家"[①]。孔子思想博大精深,它包含了先圣先王对天地之道、对人性人道的深刻思考,应该是今天中国社会发展的精神源泉。

要真正理解这一点,应该首先准确理解孔子的智

[①] 司马云杰:《大道运行论·〈文化价值哲学〉新序》,济南:山东人民出版社,1995年。

慧,正确认识孔子的历史地位,理解中国历史文化的来龙去脉。价值观念、精神追求属于文化的范畴,包括世界观、价值观、伦理观、人生观、审美观的哲学文化是文化最为重要、最为根本的方面,所以,对中国文化影响至大至巨的孔子儒家哲学便具有了非凡价值与意义。孔子与中国历史文化之间的内在联系,孔子在中国文化史上无与伦比的位置,由此可见一斑。

认清孔子对他以前历史文化的继承,这一点十分重要!长期以来,由于疑古思潮的消极影响,仿佛孔子时代是中国文明形成的初期,就像钱穆先生在所著《国史大纲》最前面曾经批评的那样,有人以为今人"站在以往历史最高之顶点",对本民族的历史文化"抱一种偏激的虚无主义",持一种"浅薄狂妄的进化观",从而严重制约了中国学术文化的进步,阻碍了人们对古代文化面貌的认识。好在现在学术研究取得了重大进步,面对大批的早期地下材料,人们不再盲目疑古,而是力求正确地解读历史文献。在理解孔子思想时,人们也认识到孔子思想不是凭空产生的,他思想的形成有一个广阔的文化背景;或者说,孔子系统总结了他以前的中国文化,深刻反思了历史与现实,才使得孔子的学说具有了"集大成"的特征。

人类文明形成后,就有人思考社会的稳定与和谐问题。数千年来,社会和谐问题一直是中国人的不懈追求。尧舜时期如此,三代更是这样。到西周时期,人文理念高涨,人们更加重视人文教化。在继承前代的基础上,周公"制礼作乐",从而奠定了中国礼乐文明的基调。按照周初制礼时的指导思想,周初统治者一方面要继承前代,建立起一套完整的国家管理制度;另一方面特别强调社会管理中人的因素。从现有材料看,西周的社会管理系统已经空前完备,他们把官僚机构分为天官、地官、春官、夏官、秋官、冬官六个部门。天官冢宰总管百官、朝廷以及国家大政,是王的直接辅佐;地官司徒主管教化以及分封土地、处理民事;春官宗伯主管祭祀鬼神和礼仪活动;夏官司马主管军队和战事;秋官司寇主管诉讼和刑罚;冬官司空主管手工业及其工匠。在这六个部门之下,各分设几十个属官,形成一个比较细密的管理体系。

西周时期的历史文化是孔子思想学说的基础。从社会管理的角度讲,整个周官系统都是为了追求社会的稳定与发展。在社会政治与人际和谐方面,《周礼》就有许多具体的规定,例如,地官司徒"帅其属而掌邦教",大司徒的职责之一是"施十有二教"。具体说来:一曰以祀礼教敬,则民不苟;二曰以阳礼教让,则民不争;三曰以阴礼教亲,则民不怨;四曰以乐礼教和,则民不乖;五曰以仪辨等,则民不越;六曰以俗教安,则民不偷;七曰以刑教中,则民不虣;八曰以誓教恤,则

民不怠；九曰以度教节，则民知足；十曰以世事教能，则民不失职；十有一曰以贤制爵，则民慎德；十有二曰以庸制禄，则民兴功。除了教民懂得敬、让、亲、和，自觉遵守社会规范，还对出现的种种问题做了周到的考虑，如地官司徒中有负责排解调和民众纠纷或有怨恨而相与仇恨的官员。这种官员称为"调人"，拥有一定的属员，掌理调解百姓之间的仇怨，有一套调解的原则。

对于《周礼》所反映的管理制度，前人论述已多。由于种种原因，我们以前对周代社会管理的水平估价严重不足，人们对《周礼》成书时代的后置便是最为具体的表现之一。实际上，《周礼》是我国先人追求社会和谐治理的思想成果，《周礼》不仅不像现在许多人想象的那样成书很晚，而且在此之前，它已经过了上千年的历史积累，是周初思想家继承夏商以来的经验，从而斟酌损益、抉择去取的结果。①

周代礼乐文明是中国传统文明的基石，就像周礼是"损益"夏、商之礼而来的那样，周礼对后世影响既深且远。孔子"述而不作"（《论语·述而》），"祖述尧舜，宪章文武"（《礼记·中庸》），继承先圣先王，形成了他的儒学思想体系，他的思想观念成为历代中国人共同遵循的行为规范与普遍法则。孔子以后，中国历代都追求政治稳定，上下协同，因而也就不断调整制度，推陈出新，

① 杨朝明：《关于〈周礼〉成书的"举证责任"》，载于杨朝明：《出土文献与儒家学术研究》，台北：台湾古籍出版有限公司，2007年。

但万变不离其宗,这个宗旨都如周公所说,就是"用咸和万民"(《尚书·无逸》)。

二、孔子的"大同"思想与社会和谐

历代对和谐社会的追求,集中体现在孔子的"大同"社会政治理想上。春秋时期,周王室衰微,诸侯征战不断,在这样的岁月里,人们自然更加向往和谐与"大顺"(《孔子家语·礼运》),希望战争停息,邦国和平安宁。孔子认为,礼崩乐坏、政治失序带来了严重的恶果,因此,他总结历史,反思现实,希望重整社会秩序,恢复古代圣王之治。他对于社会政治的最终追求或最高追求,就是《礼运》中他论说的"大同"境界。

有关孔子"大同"思想的记载见于《孔子家语》和《礼记》两书的《礼运》篇。以前,由于对《孔子家语》的记载心存怀疑,人们谈论孔子的政治理想时,往往依据《礼记》的文本。其实,我们认真研究后发现,《礼记》的记载经过汉人整理改编的痕迹非常明显,相比之下,《孔子家语》的记载更为真实可靠。

据《孔子家语》,孔子关于"大同"理想的表述为:

> 大道之行，天下为公，选贤与能，讲信修睦。故人不独亲其亲，不独子其子。老有所终，壮有所用，矜寡孤疾皆有所养。货恶其弃于地，不必藏于己；力恶其不出于身，不必为人。是以奸谋闭而不兴，盗窃乱贼不作，故外户而不闭，谓之大同。

这里，孔子关于"大同"的论述，可以理解成他诠释或描述的一个理想的社会。在这样的社会里，"圣道"大行，天下为公，社会管理者唯贤是举，选才任能；人与人之间和平相处，互相扶持；彼此没有争斗，各尽其力；社会上的每一个人生活都能够得到保障，而且物尽其用，人人各尽所能，盗贼不作，夜不闭户。

"天下为公"是社会公德的最高原则，是中华民族道德精神的核心。在我国，倡导天下为公、公而去私的思想可谓源远流长。《尚书》说"以公灭私，民其允怀"；《黄帝经》说"公者明"，"无私者正"。先秦诸子也都重视公义，《老子》说"以其无私，故能成其私"；《墨子》提倡"举公义，辟私怨"；《荀子》说"公生明，偏生暗"，"公正无私"；《列子》则感叹"公天下之身，公天下之物，其唯至人矣"。先秦以后，历代倡导天下为公者自然也比比皆是。

孔子时代，天下无道，礼坏乐崩。他认为尧、舜、禹、汤、文、武时代是"有道"之世，人们以天下为公。在这里，"公"也可理解为"共"。"天下为公"是说人生活在共同的社会中，应该休戚与共，协同一致，有明确的"社会性"意识，所以孔子主张选任贤能，讲信修睦，扶危济困，互相关心，而不是各行其是，自私自利，甚至损人害人，弱肉强食，没有一体化发展观念。

很显然，没有人心的"公"，就没有这一切，人与人之间就不能相互扶持，就没有人人各得其所，就没有社会风气的井然有序。可以说，人人都希望生活在这样的社会里。

但是，说到孔子的"大同"理想，人们还几乎一致认为这是孔子的"理想"而已，是一种"假托"，是"乌托邦式的空想"。但是，我们最新的研究结论却与此完全不同。孔子所说的"大同"社会，其实是他心目中三代"圣王"政治的实际，而不是通常人们认为的所谓"五帝时期"，更不是什么空想。我们还发现，长期以来，人们对该篇的疑而不信，乃是由于文献版本以及人们对其中关键字词的误读造成的。① 经过反复的研究，我们坚信，再对该篇简单地进行排斥一定是失之简单的做法！

《礼运》篇是孔子与他的弟子子游对话的记录。如果按《史记·仲尼弟子列传》所言子游"少孔子四十五岁"，则当时子游不到十岁，由此，人们不能不置疑该篇记载的可靠性，对该篇的种种曲解也随之产生。其实，

① 杨朝明：《〈礼运〉成篇与学派属性等问题》，《中国文化研究》2005 年第 1 期；杨朝明、卢梅《子游生年与〈礼运〉的可信性问题》，《史学月刊》2010 年第 7 期。

《孔子家语》明确记述子游"少孔子三十五岁",只是由于人们对《孔子家语》的价值认识不清,而且《孔子家语》本身版本不一,致使这一问题长期没有得到解决。二者孰是孰非,经过认真分析比对,我们认为《史记》的记载是错误的。①

另外,《孔子家语·礼运》记孔子说:"昔大道之行,与三代之英,吾未之逮也,而有记焉。"其中"与"字十分关键。实际上,这里的"与"不是通常人们认为的连词,应该当动词讲,是"谓""说的是"的意思。该字之训,清人王引之《经传释词》已经有说。前人也已经指出《礼运》此字应该从释为"谓"。②这句话应当译为:"大道实行的时代,说的是三代之英。"所谓"三代之英",指的是夏、商、周三代的开国"圣王"禹、汤、文、武、成王、周公。

作为儒学名篇,《礼记》与《孔子家语》中的《礼运》篇存在不少字词表述上的差异,恰恰就是这些差异,令人很直观地看到了彼此之间真实性的不同。经过认真比较过发现,《孔子家语》中的《礼运》篇更为真实可靠,明显要优于《礼记》的记载。③人们以后引用、使用《礼运》(自然也包括引用、使用其中的"大同"说)时,应该用《孔子家语》中的该篇。

原来,在该篇中,孔子并没有说到"三皇五帝",也没有说到"小康",那种以此来论证孔子主张回复到"原始共产主义"时代,认为孔子思想倒退的看法是不对的。

① 杨朝明、宋立林:《孔子弟子评传》,北京:中国社会出版社,2012年。

② 四川师范大学教授徐仁甫先生早年发表文章曾指出这一点。见永良:《〈礼记·礼运〉首段错简应当纠正》,载于《西南民族学院学报》1996年"汉语言文学专辑"。

③ 杨朝明:《〈礼运〉成篇与学派属性等问题》,《中国文化研究》2005年第1期。

孔子理想的"大同"社会乃是指夏、商、周三代"圣王"时期，并不是指一般所认为的所谓"三皇五帝时"。孔子所说"大道之行"的时代具体是指禹、汤、文、武、成王、周公时期，在孔子看来，三代"圣王"之后，就是"大道既隐"的时期。

孔子认为，"大同"是曾经存在的社会，它存在于三代圣王禹、汤、文、武、成王、周公时期。孔子认为，这是一个十分理想的社会状态。"大同"的"同"，郑玄注《礼记·礼运》曰："同，犹和也，平也。"郑玄以"和""平"释"同"非常正确，"大同"社会正是人类之间"和"的理想状态。据《论语·子路》记载，孔子还说过："君子和而不同，小人同而不和。"《论语》此处的"同"是苟同、无原则地趋同，与"和"有别。不过，这并不意味着"同"与"和"的矛盾，它只是说明"同"并非在任何情况下都是"和"而已。

孔子的大同理想是社会富足前提下的和谐，它与不少小国寡民的社会政治主张不同。先秦时期，诸子百家都有自己的政治主张，例如，道家所主张的便是小国寡民的模式，《孟子·滕文公上》记载农家代表人物许行的理想是"贤者与民并耕而食，饔飧而治"；《尉缭子》记载兵家人物尉缭的主张是"使民无私"，认为"民无私则天下为一家，而无私耕私织，共寒其寒，共饥其饥"；《墨子》记载墨家主张"各从事其所能"，"赖其力者生，不赖

其力者不生";《吕氏春秋》则记载了杂家的均平主张，认为"公则天下平"。社会的公平与公正是中国历代的追求，然而，社会的公平与公正应当以物质财富对人们基本生活的满足为前提，而不能仅仅满足于片面的"公平"，只是共寒共饥不是真正的和谐。孔子的认识就是如此，他希望人们各尽其力，也希望"各从事其所能"，但他并不认同狭隘的"公平"，否则，"老有所终，壮有所用，矜寡孤疾皆有所养"就无从谈起。

孔子也曾经谈到"贫"与"寡"的问题。《论语·季氏》记曰："丘也闻：有国有家者，不患寡而患不均，不患贫而患不安。盖均无贫，和无寡，安无倾。夫如是，故远人不服，则修文德以来之。既来之，则安之。"孔子相信，有封国、封地的人，最重要的是要注意均平，注意安定。所谓"均"，当然不是数理意义上的平均，而是"公平""均平"。因为均平就不觉得贫穷，和睦就不觉得人少，安定就没有什么危险。孔子所言，乃着眼于"有国有家者"，他们负有治理家国的责任，他说"不患寡而患不均，不患贫而患不安"，却未必肯定"寡""贫"，相反，孔子其实是否定"寡""贫"，他是以之作为参照来说明"不均""不安"更为可怕。在孔子的论说逻辑中，"不均"与"不安"是互相联系的，"不均"往往会引发"不安"。孔子所说"均无贫，和无寡，安无倾"，其中的"均平"是财产分配，要达到好的结局，一定要使各方处于"和"的状态,这样才能消弭动荡的根源。可见,"均平"原则其实是一个"和"的原则,以"均平"治国便是以"和"治国。

孔子的"大同"思想影响深远,不仅启示了孟子"民为贵,君为轻"的民本思想,后来的"大同"思想也都源自孔子。如唐代有人说"心苟至公,人将大同",明末的思想家则认为"天下非一家之私","天下"为"匹夫"所共有,从而提出"公天下"的主张。人们还把"天下为公"的道德理想凝聚成为"天下兴亡,匹夫有责"的个人道德要求,激励着后代中华民族无数的志士仁人。近代,面对内忧外患的民族危机,康有为撰写了《大同书》,提出建立"大同之世,天下为公,无有阶级,一切平等"的世界,孙中山则说,他希望实现的"真正的三民主义",就是"孔子所希望之大同世界"。

孔子的"大同"思想,追求的不是局部的和谐,而是整个社会的和谐,这一点十分重要。按照孔颖达《礼记·礼运》疏的解释:"'是谓大同'者,率土皆然,故曰'大同'。"孔子有家国天下的胸怀,由此,他的思想影响了无数的中国人。例如,晋代的陶渊明曾经虚构了一个世外桃源,他的《桃花源记》描述道:"林尽水源,便得一山……有良田美池桑竹之属,阡陌交通,鸡犬相闻。其中往来种作,男女衣着,悉如外人;黄发垂髫,并怡然自乐。"这是陶渊明理想中的和谐社会,其中既有孔子思想的影子,也有道家的思想因素。显然,这种超脱虽有对

美好生活的超然向往,但更多地透露了人们被世事所累时的逃避与解脱。

为了政治理想的实现,历史上的仁人志士都在不断地努力着、思考着。宋代的李纲以"病牛"作比,他写道:"耕犁千亩实千箱,力尽筋疲谁复伤?但愿众生皆得饱,不辞羸病卧残阳。"明代的吕坤则追求一个"清平世界",《呻吟语》卷五《治道》记载了他的说法:"六合之内有一事一物相陵夺假借,而不各居其正位,不成清世界;有匹夫匹妇冤抑愤懑,而不得其分愿,不成平世界。"

但是,"众生皆饱""清平世界"的到来是艰难的,直到近代,人们仍然在不断为这样的理想而奋斗。太平天国时期,洪秀全提出"天国"理念,向往天下男子皆兄弟,天下女子皆姐妹,颁布《天朝田亩制度》,希望天下人共耕天下之田,他们认为应当"天下一家,共享太平"。后来,康有为继承孔子的"大同"思想,提倡"世界大同",主张在《礼记》中取出《礼运》篇,与《儒行》《大学》《中庸》合为"四记",以代替宋儒的"四书",作为儒家的基本典籍。再后来,孙中山也曾以"大同"理想作为自己的最高政治追求。

三、"大同"思想学说中的丰富内涵

依照《孔子家语·礼运》篇中孔子对"大同"社会的描述,结合前面的论说,我们可以思考其中丰富的思想内涵,发现其中包含着孔子与儒家的基本的、重要的学说主张。

(一)"天下为公"与公共意识

孔子说:"大道之行,天下为公。"这里的"公"内涵丰富,可以是国家、社会、大众,也可以是公理、公式、公制;有正直无私、为大家利益着想之意,也有公正、公心、大公无私之意。但首要的就是强调人们要有公共意识,遵守社会规范与社会公德。

人如何立身处世,怎样处理人与人、人与集体、人与社会、人与国家、人与自然的关系,是历代中国思想家、政治家最为关心的问题,也是孔子儒家思想学说的核心问题。包括孔子在内的早期儒家、历代学人都思考过"人心"与"道心"、"人情"与"人义"、"人欲"与"天理"的关系,论证过人的自然性与社会性的关系。儒家认

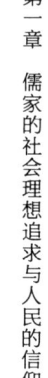

为,"人之所以为人",应当遵守社会的规范,自觉遵守社会的公德,这是一个人的素养所在。正如孔子所说:"人而不仁,如礼何?人而不仁,如乐何?"(《论语·里仁》)所以,在孔子"天下为公"的表述中,以自觉的修养处理好各种关系,自觉遵守社会规则与社会规范,有较高的公共意识,才是孔子所说的"公"的主要内涵。

在社会与家庭生活中,每个人的角色都是复合的。在工作中都有下级与上级,具有"君"和"臣"的不同身份;在家庭中又有"父"与"子"等不同身份……每个人都处在君臣、父子、夫妻、兄弟、朋友的各种关系中,所以应该处理好这些基本关系。孔子说:"君臣也,父子也,夫妇也,昆弟也,朋友也,五者,天下之达道。"又说:"父慈、子孝、兄良、弟悌、夫义、妇听、长惠、幼顺、君仁、臣忠,十者谓之人义。"社会关系以"五达道"为主并延伸开来,处理好这些关系离不开"人义"的十个方面。所谓"天下为公",就是社会的大同与和顺,就是处理好这些关系。

孔子所说"君君、臣臣、父父、子子"见于《论语》的《颜渊》篇,该篇及随后的《子路》篇都围绕克己、修身以"正名"而逐步展开。正名,要求每个人都能"修己""克己""省身",作为一个社会人,应当具有一定的素养与内涵。孔子说:"克己复礼为仁。一日克己复礼,天下归仁焉。"他强调"为仁由己",希望人们遵守礼法,"非礼勿视,非礼勿听,非礼勿言,非礼勿动",也许只有这样,为人之"义"的问题才能解决。

"天下为公"又与"正名"思想直接关联,或者说其中就自然包含着"正名"的思想。对社会国家的治理而言,"仁德"的实现关键在为政者,所以孔子的正名思想,首先强调"君君",希望为政者率先垂范,做好自己,做出表率。当季康子问政时,孔子说:"政者,正也。子帅以正,孰敢不正?"又说:"其身正,不令而行;其身不正,虽令不从。"还说:"君子之德风,小人之德草,草上之风,必偃。"君子行为端正,则其德如风,君为善则民善。

孔子的"正名"的主张是一贯的,如定公问孔子:"君使臣,臣事君,如之何?"孔子对曰:"君使臣以礼,臣事君以忠。"各种人伦关系都是双向的,作为人伦关系中十分重要的一种,君臣双方也应各尽其职。为政之要在于"正名",孔子的表述非常清楚。子路问孔子为政以何为先,孔子明确回答:"必也正名乎!"他论述说:"名不正则言不顺,言不顺则事不成,事不成则礼乐不兴,礼乐不兴则刑罚不中,刑罚不中,则民无所措手足。"可见"正名"极其重要,它是为政的前提和基础,只有正其名,知其分,才能说话顺当合理,风清气正,取得较好的社会管理效果。对于为政者来说,要正名,必正己,这恰恰是对于"君"的正名的要求。

按照"正名"的要求，人"在其位"，必"谋其政"，应该勇于担当，按自己的角色定位尽力做好自己。孔子说："唯器与名，不可以假人，君之所司也。"自己的职责，自己的分内事，不可推卸责任，不能借与他人。孔子进一步解释道："名以出信，信以守器，器以藏礼，礼以行义，义以生利，利以平民，政之大节也。"所谓"名"，关涉极大，当事人应该心无旁骛，不能玩忽职守。既有其名，必负其责，这样才能人存政举，遵循礼义，取得成效。因此，春秋末期晋大夫史墨也说："是以为君，慎器与名，不可以假人。"

既然"天下为公"，大家共同工作、生活在一起，那么"正名"思想就自然包含一层意思，即不可逾越本分，胡乱作为。如果不集中心力，跨越领域与边界，就易造成混乱。孔子说"不在其位，不谋其政"，曾子说"君子思不出其位"，意思正是如此。有人从消极的角度理解，认为这是推卸责任，是不思进取，恐怕背离了本来的精神。从礼的功能讲，它本来就是为了"定分止争"，合理的做法自然就是"安分守己"。做大事者要尽职尽责，心无旁骛，不可左顾右盼，患得患失；还要遵守礼法制度，不逾越职权，胡乱作为。历史上违权乱政的人不都是超越本分、邪念丛生的人吗？

作为社会的人，人当然不能只考虑个人，不能脑子里总是想一己之私利，应当考虑自己属于一个民族、一个国家、一个集体。有"公"的意识，才能做一个更好的"社会人"。从这样的意义上看，"公"是一个内涵极丰富的概念，是一个极重要的概念。

（二）"选贤与能""讲信修睦"

在"天下为公"之后，孔子接着说"选贤与能""讲信修睦"，这是"天下为公"题中应有之义，也是值得特别申说的内容。

"选贤与能"与当今时代的所谓"民主趋势"正相吻合。"天下为公"之"公"的"公平""公正""公理"等意涵，与传统中国"礼"的观念相呼应。传统的"礼"，从本质上讲，就是孔子所说的："礼也者，理也"（《礼记·仲尼燕居》），"礼也者，理之不可易者也"（《礼记·乐记》），"礼也者，合于天时，设于地财，顺于鬼神，合于人心，理万物者也"（《礼记·礼器》）。

孔子在对"大同"理想的描述中，还说："货恶其弃于地，不必藏于己；力恶其不出于身，不必为人。"这些，也可包括在"公"之中。人有"公"心，才能不浪费，不私藏，货财尽其用，人人尽其力。

孙中山先生十分推崇"天下为公"，为孔子的学说注入了新的意义。中国共产党以"立党为公、执政为民"作为执政理念，忠实履行全心全意为人民服务的宗旨。

所以,"公"既有民族特色与历史底蕴,还含有丰富的现代意义,并且集中体现了社会主义制度的优越性。

孔子说的"讲信修睦"内涵丰富。孔子说:"人而无信,不知其可也"(《论语·为政》),"自古皆有死,民无信不立"(《论语·颜渊》)。他希望人们"言忠信"(《论语·卫灵公》),"信"恰是历代共同的观念。《说文解字》说:"信,诚也。"信,就是诚实、不欺,就是守信用,还是真实、不虚伪等。人与人之间需要"信",古今相同。在传统的"五常"中,"信"正是其中之一。

(三)"立爱自亲始"的仁爱之道

孔子说:"人不独亲其亲,不独子其子,老有所终,壮有所用,矜寡孤疾皆有所养。"这些属于"仁"的范畴。最为紧要的是,孔子所说"人不独亲其亲"有一个基本前提,就是"亲亲",没有"亲亲之爱",哪里会有"不独亲其亲"?

社会上最不可或缺的是"爱"与"敬",孔子还把"爱与敬"看成"政之本"(《孔子家语·大婚解》),很明显,儒家重视孝悌,认为孝悌是"为人之本",也是因为社会生活不能没有"爱"与"敬"。那么,爱心如何培养?自然就是由"亲亲"到"不独亲其亲"的逻辑推演,就是将对父母的爱心放大开来。

在郭店楚墓竹简出土以后,大家惊喜地发现,楚地战国文字中的"仁"字,从身从仁,上下结构,原来古文的"仁",其本意是修身、克己、反躬自省,这与曾子所说"吾日三省吾身"(《论语·学而》)相应,与《中庸》所说的"成己,仁也"相应。原来,"仁"是以修己开始,然后推己及人。

孔子之"道"就是仁爱之道,仁爱之道第一义就是修己。在《论语·卫灵公》中,孔子说"吾道一以贯之",按曾子的理解,孔子的一贯之道就是"忠恕"。朱熹《论语集注》解释说:"尽己之谓忠,推己之谓恕。""尽己"就是"修己","推己"就是将内在的修养外推,就是"推己及人",就是"己所不欲,勿施于人"(《论语·卫灵公》)。"修己以安人"正是孔子儒家思想的精髓所在。

孔子说:"立爱自亲始","立敬自长始"(《孔子家语·哀公问政》)。孔子此言十分重要。孔子说:"仁者,人也。亲亲为大。"(《礼记·中庸》)一个人具有仁德,最基本的表现就是"亲亲",就是孝敬父母亲。有"亲亲"这个前提,才能"不独亲其亲,不独子其子",才能"老吾老以及人之老,幼吾幼以及人之幼"(《孟子·梁惠王上》),进而"泛爱众"(《论语·学而》)。

儒家的"仁"作为一种道德范畴,指人与人之间的相互友爱、互助与同情等等,具备了"仁"的品质,才能仁爱正义,才能通情达理,为他人着想。"仁"是一个开始

于"修己"的过程,是一个由"孝亲"而"仁民"进而"爱物"的逻辑推演过程。人修己的基本表现是"亲亲",从最基本的"亲亲"之爱出发,然后推演爱心,完善人格,影响民众,改善人心,最终使社会"止于至善"(《礼记·大学》)。

(四)社会和谐,人心和顺

孔子说:"奸谋闭而不兴,盗窃乱贼不作,故外户而不闭。"阴谋诡计被遏制而不能施展,劫掠偷盗、叛逆犯上的事也不会发生,所以外出也不用关门闭户。看起来这并不是很高的要求,但却是千百年来人们的共同追求,这就是"和",就是社会和谐、人心和顺。其实这也是孔子社会理想的落脚点。

所谓"和",内涵丰富,含有相安、协调、和谐、平静、和平、祥和等意义。"和"包含有"和而不同"。《国语·郑语》中说:"夫和实生物,同则不继。以他平他谓之和,故能丰长而物归之。"和,可以处理不同国家、不同民族、不同文化之间的关系,也可以处理人与自然、人与社会、人与集体、人与人之间的关系,也同样适用于处理人自身与内心的关系,即"自身的和谐"。

中国人向来都以"和"为贵,几千年来,中华民族"更和睦、更和平地"相处与生活,与"和"的价值追求密不可分。

在传统的"五常"观念中,有"义",有"礼",有"智",一个"和"字,可以包"义"、统"礼"、含"智"。

其一,"和"与"义"。"义者,事之宜也。"事情应当这样做,我们按照该做的去做,就是"义"。事当为而为,就做到了"义",就达到了"和"的要求。比如,孔子弟子有子说:"信近于义,言可复也;恭近于礼,远耻辱也。"(《论语·学而》)孟子说:"大人者,言不必信,行不必果,惟义所在。"(《孟子·离娄下》)其中说的是"义",而在深层,都是"义"与"和"的关系。

其二,"和"与"礼"。"和"是"礼"之"用",是"礼"的追求与目标。孔子说"礼之用,和为贵"(《论语·学而》),又说"知和而和,不以礼节之,亦不可行也"(同上)。"礼"以节"和","和"离不开"礼",离开"礼"的"和"是暂时的,它不符合儒家倡导的中道,不是真正意义上的"和"。

其三,"和"与"智"。"和"是中和,《中庸》说:"致中和,天地位焉,万物育焉。"社会不仅要稳定,更要发展。而发展以和谐为基础,更离不开智慧。孔子说:"夫礼,所以制中也。"(《礼记·仲尼燕居》)"中"是时中,是一种极高的智慧。《中庸》说:"君子尊德性而道问学,致广大而尽精微,极高明而道中庸。"达至"和"的目标离不开智慧。

第二章
儒学精神是中国传统文化的核心与精髓

儒家文化博大精深,可以说既牢笼天地,又包蕴精微。孔子和历代儒家思考的,是如何取得社会安宁与和谐的大问题,因而,举凡人世间的一切都在儒学的视野之内。然而,尽管儒学思维宏阔,也有多重维度,但作为中国传统文化的主干,其内在精神才是其核心和精髓所在。正因如此,历来的儒家才都有天下情怀与社会关切,儒家文化熏陶濡染出来的士人才"以天下为己任",才"先天下之忧而忧",才有"天下兴亡,匹夫有责"的担当。

一、儒学精神是一种深层的哲学文化

按照文化学理论,文化不仅包括表层的文化(物质文化),还包括中层的文化(制度文化),更包括深层的文化(哲学文化)。儒学精神是一种深层的哲学文化,蕴含或承载着传统中国的价值观、是非观、荣辱观等,它对于中层的制度文化和表层的物质文化起着重要的影响与支配作用。

(一)文化学视野中的儒家文化

儒家文化属于文化学范畴,儒家文化对中国社会的深刻影响,使得它成为一个包罗宏富的、综合的"复杂"文化事项。文化学是显著具有交叉性质的学科,其研究越来越受到世人重视。很多学者在这方面有精到、深入的研究,这些成果启发我们以文化学的视野来综合审视儒家文化。这不仅有利于对儒家文化的准确理解和认识,而且对今天正确对待孔子与儒家文化也有重要意义。

1. 从"文化"概念看儒家文化

何谓"文化"？从文字上看，"文"是指各色交错的纹理，"化"则为改易、生成、造化。"文化"往往与自然、质朴或野蛮对举。广义的文化是指人类所创造的物质和精神的一切成果，它着眼于人类与一般动物、人类社会与自然界的本质区别，着眼于人类卓立于自然的独特生存方式。狭义的文化则指人类所创造的精神成果，它排除了人类社会——历史生活中关于物质创造活动及其结果的部分。

从本初的意义而言，文化乃是指"人化"意识支配之下的"人文化成"或者"以文教化"。《易传》说"观乎人文，以化成天下"，"人文"本来与"天文"相对。随着人类文明的演进，"文化"的内涵也变得十分博洽。

儒学是修己安人之学，作为一种典型的人文文化，儒家文化与文化的本初意义完全相吻合。孔子"祖述尧舜，宪章文武"，他继承了三代的历史文化，而最为重要的是继承了三代的人文教化传统。孔子儒学形成以后，其影响逐渐扩大。

夏商周时期，司徒之职、典乐之官都是从事社会人心教化工作的官职。在周代，王公大夫及庶人子弟八岁就要入小学，学习洒扫、应对、进退，学习礼、乐、射、御、书、数。十五岁时,贵族子弟、"民之俊秀"要入大学,学习穷理、正心、修己、治人之道。《大学》所说的就是从修身到齐家、治国、平天下的道理。儒家希望发挥人的善端,导人向善,以达到社会的"至善"。宋代以后重视《大学》,就是为了学者修己治人,为了国家化民成俗。

两千多年以来,我国十分注意修身做人的教育。儒学作为传统文化的主干,其人生价值理念一直主导着士人知识分子。古代书院与官学平行交叉,存在千年,作为一种独特的文化教育模式,它集教育、学术、藏书为一体,它不以科举仕进为目的,是一种素质教育。

科举制度是传统中国基本的人才选拔制度,儒家经书是考试的重要内容。科举制度已经废除了一百一十年,关于它的功过是非,现在比以往看得更加清楚。科举制度存在弊端,但它对于整合传统社会生活并维系社会内部文化生态平衡,对政治、文化、思想、教育、经济、社会生活运行起到了枢纽与调节作用。科举制度是历史演进中凝聚起来的制度文化资源,科举时代,农村士绅通过科举所拥有的身份,保持了在农村中的精英地位,借此获得社会的尊重,进而主导与组织社会与文化生活。取消科举制度后,农村文化生态开始失衡,此后便开始了农村智力资源向城市的单向流动,中国农村社会的文化生态不断失调与退化,出现了严重断层,开始过度依附城市并失去了自主性。

2. 文化的层级与儒家文化

由于文化问题的复杂性,关于文化的结构问题,人们的看法存在很大差异。如果按照层级划分,文化可以分为表层文化、中层文化和底层文化。表层文化即物质文化,它包括围绕衣、食、住、行所体现出来的人们的去、取、好、恶等;中层文化即制度文化,包括风俗、礼仪、制度、法律、宗教、艺术等;底层文化即哲学文化,它包括人们的伦理观、人生观、价值观、世界观、审美观等。

不难理解,文化的层级划分,有助于加深对孔子、儒学与中国传统文化的理解。一般说来,文化的表层和中层反映着底层的内涵,而底层的内涵渗透于中层和表层;表层和中层的变化渗漏并影响着底层,底层则制约着表层和中层的变化。儒家哲学、人生价值观属于儒家文化的底层,在儒家思想指导下形成的制度文化属于其中层,而体现儒家理念的行为方式、言谈举止等属于其表层。比如,我国有深厚的礼乐传统,儒学特别强调礼。礼可以划分成礼俗、礼仪、礼义三个层级,它们分属于礼文化的表层、中层和底层。礼俗游离于礼乐制度之外,产生于社会群体自发的生活实践,是人们自觉的循礼行为,它约定俗成、积久而形成。礼仪指具体的仪式礼节,是关于礼的具体制度规定。礼义指抽象的礼的道德准则,指人们遵守礼的道德自觉。礼义属于最根本的东西,中国早期思想家认识到:"礼之所尊,尊其义也","为礼不本于义,犹耕而弗种也"。礼义要求社会成员自觉接受约束,具有秩序意识,以营造有序的社会。在春秋末年"礼崩乐坏"之际,有人虽也能勉强做到一些礼的仪节,但往往仅保留了作为文化中层概念的礼的仪式,礼的本义已经丧失。

　　儒家的仁学也是如此。在本来的意义上,仁在于修己。战国时期的古文"仁"字从身从心,上下结构,这已经得到新出土战国竹简的证明。儒家强调修己、修身,正是"仁"的本义。由修身而亲亲,进而推己及人,从而仁民、爱物,显然有层级的不同。按照文化层级理论的启示,我们可以对孔子学说的阶段性进行体认,将其大致分为礼学、仁学、易学三个阶段。显然,孔子的思想是一个整体,不可分割,但可以从深度不同的角度理解为渐次递进、逐步深入的关系。孔子的思想方法、哲学思想是整个儒学的基础,它作为儒学体系的根本,影响着仁学、礼学。文化三层之间的影响是相互的,而表层和中层之间的相互影响最为直接,二者相互牵动,互相制约,孔子的仁学与礼学之间的关系正是如此。

　　从理论上讲,文化的三层应该是完整的一体,但人类历史上似乎从来没有出现过完整的状况。如前所说,孔子的思想就有一个发展演变的过程。儒家学说形成

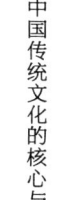

后,早期儒家致力于宣传与推广,使儒学影响逐渐扩大。但是,在儒学影响扩大的过程中,人们对儒学的认识当然会由表及里,也是先看到儒学的表面与枝节,所以,当人们还不能真正认识和理解孔子儒学的思想体系时,不少人往往仅仅看到儒家所倡导的礼仪,而不能认识儒学所以治理天下国家的大经大法,故而,排斥儒家与儒学的现象会常常出现,屡见不鲜。

文化的发展与变动,说明文化具有开放的性质。儒学也是如此,它随着社会历史的发展而变化。但是,文化的三个层级之间应当有序互动,否则,如果出现层级间的明显断裂,将形成社会动荡。

3. 文化的系统与儒家文化

文化的整体都可以分为若干个亚文化,而每一个亚文化还都可以继续区分为若干个次亚文化……各亚文化的区分不是绝对的,它们未必完全并列,而是互相联系、互相纠葛。

按照文化系统的观点,可以更好地了解儒家文化和诸子文化的区别与联系。本来,学术文化尤其是思想文化应当被视为一个整体,庄子称这个整体为"道术"。与之相比,其他各家的学术则被称为"方术"。庄子一般被认为是道家学派的代表人物,但他认为,各家学术虽然皆有所长,时有所用,但由于各家自执一端,往而不返,遂使得贤圣不明,道术割裂。但道术的存在是客观的,庄子说:"其明而在数度者,旧法世传之史尚多有之。其在于《诗》《书》《礼》《乐》者,邹鲁之士、缙绅先生多能明之……其数散于天下而设于中国者,百家之学时或称而道之。"庄子告诉我们:"邹鲁之士、缙绅先生"主张的"内圣外王之道"超出了"百家之学"。

西汉前期,司马迁之父司马谈也看到各家皆"务为治"。不过,司马谈与庄子不同,他倾向于道家的学说。也许他没有看到儒学的博大和整体思维,认为儒学"博而寡要,劳而少功",但他仍然看到儒家礼学在为政治国中的作用,认为"序君臣父子之礼,列夫妇长幼之别,不可易也"。当然,这仅是儒学的一端,并非儒学的深层内涵,他的认识深度不及庄子。

4. 文化发展规律与儒家文化

文化的发展有一定的规律可循,比如,变动不居、多元多彩、吸收异质、表动底静等都是文化发展的基本规律。了解这些,有利于增加对文化的认识,有利于对文化的发展做出判断和抉择。

文化的发展是变动不居的,儒学也在不断地发展中。文化的发展速度与社会经济的发展是相应的,它与

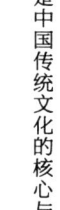

社会生产力的发展成正比。社会经济的过速发展会对自然界带来巨大破坏,这种破坏往往远远大于自然界的修复速度,西方工业化就给人类带来了不小的灾难,同时也给文化带来了某种程度的破坏。文化变化的速度是国家活力的象征,但如果文化相对停滞或过速也会带来一系列问题乃至危险。从这样的意义上看,中国文化特别注重天人合一,特别注重人与自然的协调,这对社会历史文化的发展是有利的。我们今天注重和强调文化的"时代融入性",强调弘扬传统文化要"创造性转化、创新性发展",不仅符合文化发展的规律,还符合我们今天的社会实际。

文化变动的动力有内外之别。层次和系统内部的冲撞是文化发展的内动力,而异质文化的接触和冲撞则是文化发展的外动力。就儒家文化的发展而言,无论孔子以后的"儒分为八",还是孟、荀战国两大儒的学术分别,无论汉代经学内部的今、古之争,还是后来王肃对郑玄之学的攻击,都可以看作儒家文化内部的冲撞和激荡,是儒学发展的内动力。儒学发展的外动力也有很多,例如,儒、佛、道"三教"之争与宋明理学的产生,中国近代西方文化与中国传统文化的碰撞等。可以说,儒学从两汉经学、魏晋玄学到程朱理学、陆王心学,乃至清初实学等,都是儒家文化发展的不同形态。

文化发展是多元多彩的。在中国社会中,儒家文化长期居于主导地位,但儒家文化并不排斥其他的文化。一方面,儒家文化总是在不断地吸收其他的文化成果;另一方面,非儒家文化的文化因素始终表现在中国社会的方方面面。

文化发展往往表现为吸收异质。所谓异质文化,是指基于不同地理、历史、文化、生产等因素而形成的文化。异质文化间的接触与冲撞方式很多,例如战争、商贸、移民、通婚、联络等都会引发文化的交流,中国传统文化的发展也是一个不断接收异质文化的过程。

文化各层级的稳定性有所不同,最基本的特征是表动底静。表层与中层的文化不断下渗,时间久了,也可以撼动作为根基的文化底层。例如,儒家倡导的价值观念我们不可须臾离开,但外来文化的冲击却在物质文化的层面不断渗透和影响着儒学的价值观,使很多人对儒学观念心存芥蒂。当然,文化的三层变动速度不同,作为制度层面的中层文化变动尤甚,但中层如果与底层、表层严重脱节,常常会出现断裂的危机。历史上,像秦朝的二世而亡,与其并吞六国,实行暴政,"仁义不施"等密切关联,这就是一个典型的例证。

5.怎样对待儒家文化

按照文化学的层级理论,一个时代的文化,其底层

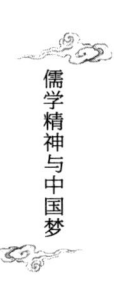

应当清晰,不能含混模糊,应具有相对的稳定性,这是文化发展的前提,也是社会稳定的前提。要制定文化发展对策,要进行文化体制改革,就必须对文化现状有着清楚而科学的估价。

一个自信的民族应是开放的民族,一个有希望的民族必须有坚实的文化立足点。中华民族文化经过五千多年的积累,经过圣哲先贤的阐发提炼,已经凝结成强大而厚实的民族文化精神。不过,儒家文化尽管已成为民族的心理积淀,但近百年来的淡漠、误解乃至摧残,传统文化几遭灭顶之灾。我们认识到要弘扬和培育民族精神,而弘扬应当是发扬与接续传统,弘扬离不开继承,是在继承基础上的弘扬,培育是在继承优秀民族文化传统基础上的培育。

如果文化的底层欠晰,就必然使作为文化中层的制度文化现状不容乐观,这也必然导致表层文化莫知谁属。与此相应,雅文化孤芳自赏,俗文化杂乱无章,亚文化提升乏力……人们就感到迷惑:到底中国城市的表层文化属于哪一家?目前,儒学应该走出"学院",应该发掘传统文化精华,改变不少国人乃至知识阶层对民族文化知识与情怀的缺乏,引导大众文化,彻底改变俗文化自生自灭的状况。我们应该以开放的胸怀,积极吸纳世界优秀文化成果,以唤起民族文化的有力传承,唤起全民族的"文化自觉"。

所谓"文化自觉",是指领导阶层和知识阶层对本民族文化的自觉认识和弘扬。费孝通先生认为,生活在既定文化中的人对其文化要有"自知之明",要明白它的来历、形成的过程、所具有的特色和它的发展趋向;不仅要欣赏本民族的文化,而且要欣赏异民族的文化,做到不以本民族文化的标准去判断异民族文化的"优劣"。自知之明是为了加强对文化转型的自主能力,取得决定适应新环境、新时代文化选择的自主地位。费孝通先生将"文化自觉"概括为:"各美其美,美人之美,美美与共,天下大同。"这种概括具有时代意义,有利于世界各种文化多样共存,取长补短,共同发展。

近代以来,中国国力的落后,使不少人迁怒于中国传统文化。例如,近代的严复翻译《天演论》,其初衷在于了解西方,重新认识中华元文化的深厚底蕴,然后继承之、发展之。他的本意是希望通过中西文化对比,引起国人对中华元文化尤其是对《周易》这部经典的重视。他认为,中国优秀传统没有得到正常的延续——祖先开其端,子孙没有续其尾;祖先拟其大,子孙没有专其精。所以,他在《天演论》的译序中写道:"近二百年,欧洲学术之盛,远迈古初。其所得以为名理公例者,在在见极,不可复摇。顾吾古人之所得,往往先之,此非傅会扬己之言。"他还连续举例证明我们的确"往往先之","反以证诸吾古人之所传,乃澄湛晶莹"。但是,他万万

没有想到,《天演论》并没有架起祖先与子孙之间、传统文化与现代之间、古代易理与现代科学之间的桥梁,引起的却是对西方文化的狂热。祖先所开的端、所拟的大,在当时不是如何续、如何专的问题,而是如何批判与抛弃的问题。

长期以来,由于传统文化受到抵制、蔑视甚至践踏,也造成了人文素养教育严重的缺失,于是,社会上一系列问题接踵而至。为此,人们认识到应当加强传统文化教育,加强人文底蕴的培养,应当自觉开掘传统文化的宝库,在文化上继承创新。

(二)重新认识孔子的道德学说

在未来社会发展中,儒家文明在世界不同文明中应该具有怎样的地位?在和平与发展作为世界两大主题,并成为社会面临的两大任务的情况下,应该如何利用儒学的积极思想指导社会的实践?

在东西方文明的交流与碰撞中,东西方文化与基本价值观均衡发展的曙光已经闪现,东方的道德观应该登上世界舞台,成为人类共同遵守的道德标准。儒家伦理道德体系是东方道德观的核心,而孔子的道德学说则是其形成的基石。从这个意义上来说,重新认识孔子的道德学说,从而认识儒家深蕴的智慧与理性,对于建设新文化、联结传统文化与现代文明,是十分必要的。

1. 孔子的道德学说与思想体系

孔子的思想是一个庞大的体系,在孔子的思想体系中,他的道德学说居于十分重要的位置。关于这一点,曾经有不少学者加以论述。不过,应当承认,这些论述对孔子道德学说特征的把握尚有不足。为了全面认识孔子的道德思想,让我们对孔子的一整套道德规范体系进行分析:

(1) 孔子的道德学说与其"礼"的思想

在孔子思想中,"礼"的思想具有最为突出的地位。孔子向往周礼,对周代以来的礼乐文明有十分深刻的理解和认识。有不少学者认为孔子的思想核心就是"礼",关于这个问题,学界看法尚不一致。但人们公认,儒家文化是以国家为本位的,孔子的思想同样如此。"礼"在孔子思想中占有十分重要的地位,他所强调的"礼",其实就是周礼,是社会的典章制度、礼义规范等的总称,其内容十分广泛,单就维护社会秩序的层面而言,对每个社会成员,诸如君臣、父子、兄弟、夫妇、朋友之间的行为准则都有具体的规定。

很长一个时期以来,一提到"礼",人们往往把它与"封建礼教"联系起来。其实,作为一种人文文化,周礼

比夏、商时期的"尊命文化"和"尊神文化"更具有时代的进步性。即使在今天,其秩序性内核也是不应否定的。孔子执着于周礼,对实现礼治,实现文、武、周公之治抱有极大的热情。为推行周礼,维持礼治秩序,孔子对社会各阶层的人都有具体的要求,他强调臣"事君尽礼"(《论语·八佾》)、"事君以忠"(同上)、"事君,敬其事而后食"(《论语·卫灵公》)、"事君,能致其身"(《论语·学而》),也强调君"使臣以礼"(《论语·八佾》)、"为政以德"(《论语·为政》)、"使民以时"(《论语·学而》)、"因民之所利而利之……择可劳而劳之"(《论语·尧曰》)。

孔子希望统治者实行"仁政",不主张实行"刑政",这其实即是人们所说的孔子的"德政论"。为了推行"德政",孔子非常重视道德教育,要求"为政者"不仅本人以德治国,而且还要对下层百姓"道之以德,齐之以礼"(《论语·为政》)。孔子说:"君子之德风,小人之德草,草上之风,必偃。"(《论语·颜渊》)他希望在君子的影响下,社会成员都具备优良品德,以形成良好的道德风尚。从本质上看,孔子的"德政"思想实际就是他的"礼治"思想的有机组成部分。

(2)孔子的道德学说与其"仁"的思想

孔子思想的内容十分丰富,涵盖面广,但以伦理道德价值为核心,以义务至上为准则,力图追求完美的人格。伦理道德的社会化成果便是公共道德。孔子是一位道德至上主义者,他希望实现西周时期的那种礼的统治秩序,要求人们自觉地以"仁"的标准来约束自己,由此系统地阐发了他的道德学说。

孔子较多地谈论"仁",反复论述"仁"。如果说"仁"是孔子思想的核心,那么"仁"首先应该是其道德教育思想的核心。以"仁"为中心,孔子又提出了孝、悌、忠、恕、信、义、慈、恭、宽、惠、敬、诚、温、良、俭、让等一系列德目,作为道德教育的内容。孔子曾经说仁者"爱人"(《论语·颜渊》),又说"泛爱众而亲仁"(《论语·学而》),"仁"作为其道德教育的主要内容包括了所有做人的道理。孔子论"仁",以"复礼"为目标,以"孝悌"为基础。"爱人"是处理人与人关系的准则,其他德目都由此引申而来。

孔子不仅提出了仁德的标准,更指出了养成仁德的途径和方法。在孔子看来,一个人要成为具有仁德的人,首先应当承认人是区别于其他天地万物的存在,承认人的人格,在这样的前提下,每个个体的人才能具备人化意识和行为,进而推己及人,在人己关系中自觉地表现出爱护、同情、帮助等行为,相互友爱和团结。在教育学生的过程中,孔子反复论述过立志于道的重要性,要求他们行己有耻、过勿惮改、周而不比、慎重交友等等。

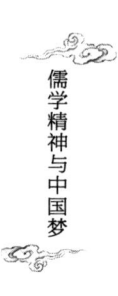

孔子长期从事教育实践,他总结出了一整套德育教育的原则和方法,如"因材施教""重视鼓励""循循善诱"等,而其中最为行之有效的则是受教育者"内省",这也是孔子摸索出的道德教育的重要规律。所谓"内省",就是要经常自我反思,严格要求,扬善改过,提高修养。孔子说:"君子有九思:视思明,听思聪,色思温,貌思恭,言思忠,事思敬,疑思问,忿思难,见得思义。"(《论语·季氏》)通过自觉的省察,见贤思齐,见不贤而内自省。这样,才能使自己具备君子人格,真正成为道德高尚的人。

(3)孔子的道德学说与他的人性论

孔子的道德思想与他对于人性的认识密切相关。孔子说:"性相近也,习相远也。"(《论语·阳货》)他认为"人性"中有一种天赋的德行,此即他所谓的"天生德于予"(《论语·述而》)或者"人之生也直"(《论语·雍也》),无论是"德"还是"直",其本质都是善良的。而这种天赋的善良德行彼此是差不多的,它深蕴于人们的心中,只有经过后天的道德教育,才能发展表现出来。

孔子认为人生而不同,可以有"上智"与"下愚"之分,认为"唯上智与下愚不移"(《论语·阳货》),他说:"生而知之者,上也;学而知之者,次也;困而学之,又其次也。困而不学,民斯为下也。"(《论语·季氏》)显然,孔子的"上智"谓生而知之,"下愚"谓困而不学。在两者之间的人,孔子称之为"中人",他认为:"中人以上,可以语上也;中人以下,不可以语上也。"(《论语·雍也》)这样,孔子道德教育学说的对象应该是那些学而知之、困而后学的人,他们可以通过后天的熏染改变自己的本性。孔子就认为自己属于"中人"之列,他说:"吾非生而知之者,好古,敏以求之者也。"(《论语·述而》)孔子出身贫贱,但他刻苦奋发,修德讲学,终于见闻广博,德术兼备。

(4)孔子的道德学说与他的"中庸"思想方法

孔子"中庸"的思想方法是孔子思想的哲学基础,也是孔子道德教育思想的哲学基础。孔子非常重视"中庸",他给"中庸"以极高的评价,说:"中庸其至矣乎,民鲜能久矣!"子思作《中庸》,专门阐发孔子的观点。《中庸》说:"仲尼曰:'君子之中庸也,君子而时中。'""时中"是"中庸"的根本精神,它与所谓的"折中主义"有显著区别。《孟子·尽心上》说:"子莫执中,执中为近之。执中而无权,犹执一也。"孟子所说的有"权"的中即是"时中",具有随时变化的意思。孔子将这种"时中"的精神贯彻于道德教育中,希望人们努力地做到这一点。如果是这样,人们的道德便达至道德的最高境界,所以孔子说:"中庸之为德也,其至矣乎!"(《论语·雍也》)

在具体行为中,孔子要求尽力做到"不偏不倚,无过不及""从容中道""中立而不倚"。孔子重视"中庸"之

道对德育的指导作用,因此君子为人处世应当"时中",以合适的尺度来衡量,使社会关系随时得到改善,以维持社会安定的局面。

2. 孔子的道德学说的特征

孔子的道德思想在孔子思想体系中占有十分重要的地位。研究孔子,就是要"继承这份珍贵的遗产"。对于孔子的道德思想学说,我们应该把握其特征,肯定其合理成分,服务于今天的道德建设。

(1) 孔子的道德学说是在继承前人的基础上形成的

早在西周初年,周公就提出了"明德""慎罚"的思想主张,春秋时期,崇德已经成为社会上的共识。一般人要名垂青史,"大上有立德"(《左传·襄公二十四年》);统治者"为政以德"更为重要,"大上以德抚民,其次亲亲,以相及也"(《左传·僖公二十四年》)。

在孔子所处的鲁国,春秋前期的著名大夫臧文仲就是一位崇德的典范。僖公二十年,宋襄公欲合诸侯,臧文仲评论说:"以欲从人,则可;以人从欲,鲜济。"(《左传·僖公二十年》)就是说推己之所欲以从人,使人同得所欲是可以的;而强迫他人以逞一己之欲是很难成功的。所以,推己及人,以德为标准支配自己的政治行为十分重要。臧文仲的这一说法很有代表性,后来,郑国的子产说："求逞于人,不可;与人同欲,尽济。"(《左传·昭公四年》)二人的话如出一辙。孔子所说的"己欲立而立人,己欲达而达人"(《论语·雍也》)、"己所不欲,勿施于人"(《论语·卫灵公》),其精神是相通的。

孔子的思想是他所处的那个时代、那个国度的产物,孔子的道德思想自然也同样具有特定历史时期的特征。现在,我们要深入发掘和正确概括传统文化中具有进步性的部分,领会其固有内涵的精神实质,并把它提升到普遍的理念上来。

(2)孔子的道德学说首先是对为政者阐发的

在周公那里,无论是"明德"还是"慎罚",这些思想主张都是以西周王朝的长治久安为出发点的。具体而言,"明德"的对象是周族的臣民,"慎罚"则纯是对臣服的殷民等异族的统治方式。《左传·僖公二十五年》所谓"德以柔中国,刑以威四夷"的说法,即表明了"德"与"罚"的对象不同。

由"德"与"罚"的不同对象,我们能看出前者主要对在位统治者而言,后者则主要是对下层人民而言。但归根结底,明德、慎罚还都是对"为政者"的要求。在春秋时的鲁国,在位之君受到尊重,然而,尊君并不是无条件的,这就是要求君主以德待民,建立德行,以"德"训民。人们认为,"民主偷,必死"(《左传·文公十七年》),作为民之"主",君主说话做事不可苟且,否则就

不会有好的结果。正因如此,鲁君的一些不合规范的行为便受到臣民的谏阻。从某种意义上讲,周之"体"体现于周礼,遵从周礼便是"明德"的重要表现。君主的行为要足以"训民",就必须守礼,必须以德的标准要求自身。

鲁国的思想界也是如此,臧文仲就是其中的典型之一。臧文仲主张君主应以德治民,认为"德之不建,则民之无援"(《左传·文公五年》)。鲁文公五年冬天楚公子燮灭蓼时,臧文仲听说六国和蓼国都灭亡了,他们的祖先皋陶、庭坚一下子就没有人祭祀了,感到很伤心。他们的国君不建立德行,百姓也没人尽忠效力。在臧文仲看来,要做到使民心无违,就必须"在位者恤民之患"(《国语·鲁语上》),实行德治,以使国家没有怨恨和敌对者。这与后来孔子所说的"为政以德,譬如北辰,居其所而众星共之"(《论语·为政》),思想是完全一致的。在孔子看来,实施道德教化,"为政者"的垂范作用至为关键。因此,孔子说"政者,正也。子帅以正,孰敢不正"(《论语·颜渊》),又说"苟正其身矣,于从正乎何有?不能正其身,如正人何"(《论语·子路》),还说"上好礼,则民莫敢不敬;上好义,则民莫敢不服;上好信,则民莫敢不用情"(同上)。

道德问题实际就是社会风气的问题,管理秩序的稳定、人际关系的协调,无不与道德问题相关。由于领导者或者社会管理者的身教重于言教,因此,他们应当以自身的表率作用来感召和带动他人,这就要求领导者严于律己,努力做到忠于职守,勤奋工作,不计名利,积极奉献。在对道德问题的论述中,孔子一再提到过领导者应当具备的优良品质,如志向远大、以身作则、知人善任、讲信修睦、慎言敏行、坦荡无隐、自控远虑、灵活变通等等,在领导者的影响下,人人自觉注重品格修养,由修身始,然后齐家、治国、平天下,使整个社会处于有序的状态。

(3)孔子的道德学说主要体现在他的"修己"思想上

孔子的思想既以社会国家为本位,又具有民本主义的思想,这决定了他首先必须注意到社会上层的道德问题。然而,意欲安人,必先修己,用孟子的话说,就是"天下之本在国,国之本在家,家之本在身"(《孟子·离娄上》),"身不行道,不行于妻子"(《孟子·尽心下》)。安人、安国、安天下,都应该从自身做起。

孔子常论述人格问题,相关概念除"君子"外,还有"圣人""志士""仁人"等,但他提到"君子"一词最多,仅《论语》一书中,"君子"就出现了百余次。孔子用君子人格培养学生,也用君子人格律己律人。君子,笼统言之,应该是指居家处国或社会交往中表现出了高尚道德品行的人。当官为政者可以为君子,平民百姓同样可以为君子。孔子说:"君子学道则爱人。"(《论语·阳

货》)"爱人"是仁者之德,君子显然也是具有仁德的人。而作为仁者,注重"修己"十分重要。据《论语·宪问》记载,当弟子子路"问君子"时,孔子三次说到了"修己",即"修己以敬""修己以安人""修己以安百姓"。就是说,君子应当加强自身的修养,首先应该认真地对待工作;进而则要使一些人生活安乐;再进一步,则要使天下所有的人都生活安乐。在孔子看来,使天下所有的人生活都安乐,这是连尧舜都很难做到的事情,君子却应该以之作为努力的目标。具有这种精神和胸怀,就不会为一己之利和小的宗派团体利益而进行争斗,所以孔子说"君子周而不比"(《论语·为政》)、"群而不党"(《论语·卫灵公》)。

孔子认为,人的变化除受他人的影响,被动地接受外来教育,更应自觉地要求自身,化被动为主动,加强自我修养,主动接受外部好的影响,自觉向善。此即孔子本人所说的"见贤思齐焉,见不贤而内自省也"(《论语·里仁》)。在孔子那里,大多数人都能通过学习成为君子,成为既仁且智的"圣人"。如果人们自觉地以礼"克己",主动以礼的标准来约束言行举止,成为仁人君子并不困难。孔子说"克己复礼为仁"(《论语·颜渊》),又说"为仁由己"(同上),能否成为具有仁德的人,个人的主观努力最为重要。

在当今社会,倡导人们注重"修己"似乎显得更为重要。不言而喻,现代社会需要现代的管理方式,但传统理念仍然值得借鉴。如果从现代管理的角度看,孔子儒家的仁义之道和礼治观念,其实也是一种管理之道。关于前者,孔子主张对人的重视,提倡人本主义,这就要求人与人之间相互关心、爱护、谅解、容忍,相互尊重和理解;关于后者,从建立社会秩序的角度出发,实行合理的分工,建立明确的工作和生活秩序,孔子所谈的礼制便具有了它的合理性。事实证明,无论在什么样的社会制度下,任何组织实体和组织活动,都需要有一定的"秩序"。否则,组织的存在和活动是不可想象的。

孔子的道德思想特别强调礼让,就是使人与人之间保持协调和谐的关系,而在处理社会人际关系时,"人和"的重要性更为突出。而讲人和,即是讲团结,讲协调,讲礼让。只有上下一致,左右协调,相互团结,相互配合,才会产生巨大的集体力量,才会产生巨大的生命力。归根结底,社会成员对自身主动加以约束才是根本。

(三)关于儒家的"中道"哲学

前几年,清华大学收藏了一批战国时期的竹简,价值极高。最初公布的第一篇文章被定名为《保训》,著名历史学家李学勤先生首先认定这是周文王临终时训

诫太子的"遗言"。学者们惊奇地发现,周文王临终时谆谆嘱托太子的,竟然可以归结为一个"中"字。周文王要求太子发(即后来的周武王)了解民情、了解人生,深入社会、认识社会,从而准确把握矛盾,尽量处事以"中"。孔子儒家的"中道"哲学与《保训》里的"中"就是这样一脉相承的。由此,引起人们对于孔子"中道"哲学的重新思考。

1."孔子智慧"在于"中道"

周文王如此重视"中",而且这一文献属于战国时期,它一定产生了重要影响。事实正是如此,《逸周书·五权解》记载,武王临终时,同样希望儿子尽力做到"中"。于是,他对辅佐成王的周公说:"先后小子,勤在维政之失。"要他勤勤恳恳,力求避免政治上出现偏失。武王还强调希望儿子"克中无苗"。"苗"通"谬",即谬误、偏失。意思是尽力做到适中无邪,以保王位。武王接着说:"维中是以,以长小子于位,实维永宁。"既要"保"其在位,又要"长"其于位,使他在王位上尽快成长起来。那么,怎么成长?就是要"维中是以","以"的意思是"用",即维中是用。

文王、武王以后,周人认真遵行"中"的思想。西周时期,"中道"思想很受重视。西周职官中有"师氏",具体职掌邦国事情是否合乎法度或礼制,以之教育后代。《周礼·地官司徒》说:师氏"掌国中、失之事,以教国子弟。凡国之贵游子弟学焉"。郑玄注:"教之者,使识旧事也。中,中礼者也;失,失礼者也。"符合礼的为"中",否则就不是"中",就是"失"。师氏具体掌握邦国中符合礼和不符合礼的故事,用以教育国子弟,凡国中的贵游子弟都参加学习。原来,西周时期是以"中"来教育国中子弟的。

周人之所以重视"中道",是因为他们以"中道"为"人道"。《逸周书·武顺解》有一个重要论述,反映了那时人们的观念:"天道尚左,日月西移;地道尚右,水道东流;人道尚中,耳目役心。"他们认为,天之道以左为尊,日月都是东升西落;地之道以右为尊,河川都是自东向西入海;人事的规律是以中正为上,所以耳目要顺从于心。人道尚"中",就像"日月西移""水道东流"那样,自然而然,理当如此。所谓"耳目役心",就是"耳目役于心",这是说要用心去思考、分析、把握信息,要有透过现象看本质的能力。

《逸周书·武顺解》还说:"天道曰祥,地道曰义,人道曰礼。"这里的"礼"符合天理、人情。这种朴素的"人道"主张将"天""地""人"合观,把人放在天地之间,没有孤立地看待人的问题。从中还可看出,这个"人道"之"中",其标准就是"礼"。

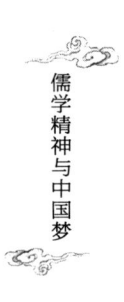

周代重视"中道",并不是他们的创造,而是接受了尧舜以来的思想成果。在《保训》的叙述中,既说到了尧舜,也说到了商朝的先人以至商汤,这些都可以得到其他相关文献材料的印证。

据整理者介绍,"清华简"的时代在战国中期偏晚。这些珍贵的早期文献记载的早期历史,让我们透过中国学术史上的种种讨论,清晰地梳理出中华民族"先圣""先王"思考"中"的历史。唐宋时期,思想家们说的"道统",便是"中道"的传承。从尧舜时代到西周时期的文王、武王,这个"道统"传承直接影响了孔子的学说,直到子思作《中庸》,将孔子儒家的中庸思想记录下来。《中庸》所包含的,实际是中国两千多年的思想成果。

孔子思想的一个重要特征便是"述而不作,信而好古",孔子"祖述尧舜,宪章文武",他集上古历史文化之大成,并站在历史的制高点上对其进行系统地凝练提升。用梁漱溟先生的话说,"孔子以前的中国文化差不多都集中在孔子的手里"[①],孔子所继承的前人成果,其精髓就是"中道"思想。

在近代东西方文化的交汇、交流中,曾经有人(如林语堂)向西方介绍"孔子的智慧"。1988年1月,"第一届诺贝尔奖获得者国际大会"在法国巴黎举行,讨论"面向21世纪"的问题,经过四天讨论,七十五位参会者(包括五十二名科学家)得出重要结论:"人类要在21

---

① 梁漱溟:《东西文化及其哲学》,北京:商务印书馆,1999年,第150页。

世纪生存下去,必须回到两千五百年以前,去汲取孔子的智慧。"提出这一结论的是瑞典物理学家汉内斯·阿尔文博士。[①]不论阿尔文博士对孔子儒学了解多少,但孔子儒家的社会主张、政治理想是人所共知的。他们向往"天下为公,讲信修睦",希望人们"己所不欲,勿施于人",要求人们互相关爱,尽力做到"不独亲其亲,不独子其子",尽力做到"泛爱众"。孔子相信"道不远人",无论是政治主张还是伦理学说,孔子往往从浅近的道理出发。有人认为孔子"只有一些老练的道德说教",其实,正如中国的《周易》不太容易读懂那样,真正读懂孔子也不是轻而易举的事情。

① 顾犇:《关于诺贝尔与孔夫子的一些说明》,《中国文化研究》2002年第2期。

孔子的智慧来源于他对以往历史的总结。历史给了孔子一个制高点,在他的时代,似乎没有人比他更有仁德,也没有人比他更博学、更睿智。他与常人所不同的,就在于他立足更高,所见更远。他思考人性,思考人道,同时也思考天地之道,他整体、系统而动态地观察世界。从他敬仰的"先圣""先王"那里,他看到了"允执其中",看到了"中道"。通过继承、凝练与提升,孔子达到了他认识世界的最高境界。不理解"中庸",就难以真正了解孔子。

孔子思想也有一个阶段性的发展过程。孔子思想产生之初,他关注最多的应该是"礼",即周礼。孔子名声日隆,从学弟子众多,是因为他对周代礼乐的精深造

诣。这时期,孔子谈论最多的也是周礼,他所念念于怀的,是怎样以周代礼乐重整社会。后来,孔子对社会的认识逐渐深化。他到处推行自己"礼"的政治主张,企图改造社会,但处处碰壁,遂进一步思考"礼"之不行的深层原因,于是他越来越多地提到"仁",议论"仁"与"礼"的关系,孔子"仁"的学说得到了充分拓展和完善。进入"知命"之年以后,孔子的人生境界继续提高,他晚而喜《易》,作《易传》,对哲学思想进行了具体阐发,他"中庸"的方法论观点也臻于成熟。

2. "礼"与"刑"的"中道"哲学

对于"中庸",历代学者都做出过很多解释。"中庸"十分神奇,也并不复杂,甚至可以说十分简单,因为"中庸"就是"执中",就是"用中"。无论从《易经》,还是借助新出土的地下文献(郭店楚简《五行》),我们都能发现"庸"在先秦时与"用"相通,"中庸"即"用中"。用中就是"用心",按照《礼记·中庸》的思想,用心之道就是"诚"。所谓"至诚",所谓"诚外无物",就是"用中"之道。

宋代以来,学者们对"中庸"的解说越来越复杂,让人如坠云里雾里。近代以来,大家都误认为"中庸"就是"调和",就是"和稀泥",甚至是"没原则",其实这是极大的误解。西方有人认为孔子的学说"只是一些老练的道德说教",其原因恐怕也主要是没有理解"中庸"思想的精妙。"中庸"绝不是简单的"调和",也不是简单的"折中"。难怪孔子说"中庸其至矣乎！民鲜能久矣",又说"天下国家可均也,爵禄可辞也,白刃可蹈也,中庸不可能也"。仔细思考这些话,就能觉察出"中庸"的分量。

其实,"中庸"这一概念的意思,东汉著名经学家郑玄已经讲得很清楚了。他说:"名曰《中庸》者,以其记中和之为用也。庸,用也。"庸,也就是"用"。《中庸》通篇所讲都是如何把握中道,如何在实际中使用"中"。

作为概念,"中庸"特别简单,但真正把握"中"道、做到"用中"却并不容易。不难理解,"中"不是凝固不变的,而是动态的,它随着时间、空间的变化而变化。或者说,"中"实际就是在现实中不断纠偏的过程。因此,孔子所说的"时中"十分重要！也就是说,这个"中"因时而变,"与时偕行""与时偕极"(《易·乾卦·文言》)。"中",不是任何时候都能一眼看透,它不是数理意义上的"中间"。人在具体行为中对"中"的把握,就好像掌握平衡,这种平衡就是一种稳定、一种和谐。不稳定、不和谐,就谈不上发展。所以《中庸》说:"致中和,天地位焉,万物育焉。""天地位"就是和谐,"万物育"就是发展。

对于事物"中"的把握,必须有一个整体、系统、全局的观念。《荀子·大略》篇中说:"礼之于正国家也,如权衡之于轻重也。"治理国家,就像使用秤或者天平,秤或天平达到平衡状态时,可以称为"中"。但是,事物总是在不断发展变化,这种和谐、这种平衡绝不会是不变的,不会是静止的,随着时间、空间等相关条件的变化,"中"的标准也应相应改变。孔子说:"夫礼,所以制中也。"荀子说:"礼之于正国家也,如权衡之于轻重。"就是说,就像天平中物体增加或者减少,平衡就被打破了,要维持新的平衡,达到新的"中",权衡必须进行相应的移动。但是,就像事情必须综合处置那样,这种移动一定要适当,必须处理好三个问题:第一,方向,往哪移动?第二,距离,移动多少?第三,速度,移动快慢?任何方面做不好,这个平衡都会被打破。而要在新的条件下求"中",就必须讲究科学,就应该全面认知事物,懂得见微知著,洞察变化。

真能把握"中"的人一定境界很高。"时中"也是为人处世的重要道理或原则。《论语·乡党》记载了这样的故事:"色斯举矣,翔而后集。曰:'山梁雌雉,时哉时哉!'子路共之,三嗅而作。"这里好像是说孔子和子路在山间散步,发现一群雌雉(即母野鸡)。子路看见野鸡,似乎有一个举手之类的动作,野鸡便警觉地飞翔到前面的树上。见此情景,孔子感慨地说道:山梁间的野鸡呀，它们懂得"时"呀。野鸡懂得"时"，就是它们发现了"变化"，而且及时做出了正确反应。孔子的意思是，野鸡发现自己可能遇到危险，便远离这种危险，把自己置于安全的境地。所以，孔子感慨雌雉知"时"！

《大学》引《诗》云："缗蛮黄鸟，止于丘隅。"孔子说："于止，知其所止，可以人而不如鸟乎？"他是说那些小鸟很不简单，它们知道停落在山丘安全的地方，对此，孔子感慨地说：何以人还不如这些小鸟呢？正像现在学生学习与将来找工作的关系，孔子说："不患无位，患所以立。"不应只是担心将来能否找到工作，最应该自问的是自己将来能干好什么。《论语》编者将这一章放在《乡党》篇之末，其深意应该就在这个"时"。

孔子"时"的思想意义重大，儒家典籍里面有好多相关记述，很多都是相通的。《周易》里面"卦以藏时"（王弼语），也给今人以很好的启发：我们都应该了解自己，了解自己是谁，了解自己是干什么的，了解自己能不能干好自己该干的事。那么，踏踏实实做好当下恐怕才是最重要的。

宋朝以前，孔子故里曲阜孔庙的大门名曰"中和门"，后更名为"大中门"，可以想象在宋代人心目中孔子"中道"思想占有极其重要的地位。孔子的"中道"思想之所以受到重视，是因为它是一种行为方式，是指导人们的重要思维方式，具有重要的、普遍的指导意义。

无论为人处世还是国家治理,"中道"的应用体现在"以礼制中"。西周时期用"中"来教养国中子弟,其实就是教育引导他们"守礼"。同样,人的行为符合"中道",也就是明理修身,循道而行。《逸周书》说"人道尚中",同时说"人道曰礼"。礼,自然就是事物的道理,正如《孔子家语》中说"礼也者,理也",《礼记·礼器》也说"礼也者,合于天时,设于地财,顺于鬼神,合于人心,理万物者也"。把握"人道",就应该了解事物的本质,了解社会和人生的发展规律。不然,要做到"中",也只是空想。

人们要守礼,要修身,就是需要把握好行为的尺度和原则。如儒家特别提倡敬、恭、勇,这些都是优良的品质,值得提倡,但也不能简单化。孔子说:"敬而不中礼,谓之野;恭而不中礼,谓之给;勇而不中礼,谓之逆。"敬,做过了头,就流于粗野;恭,做过了头,就流于奉承或者谄媚;勇,做过了头,就流于忤逆。

以礼制中,就是以"礼"(即"理")为行为准则,做事遵从客观规律。把握好这一方法,就要做到既不保守,也不冒进。例如"信"与"恭",孔子弟子有子说:"信近于义,言可复也。恭近于礼,远耻辱也。因不失其亲,亦可宗也。"(《论语·学而》)人生境界高的人,不会像"硁硁小人"(《论语·子路》),而应像孟子所说,"言不必信,行不必果,惟义所在"(《孟子·离娄下》)。又如

"和",有子说:"礼之用,和为贵。先王之道斯为美,小大由之。有所不行,知和而和,不以礼节之,亦不可行也。"有时不能为"和"而和,要以礼节"和"。这也是"中"的要求。

每一个人刚出生时都天真无邪。随着年龄的增长,人对外部世界产生了一种认知。在外物的诱导下,"好"与"恶"的情感产生了。人被外物所"化"往往是无休无止的,如果是这样,"好"与"恶"的情感就应该有所节制,不然就会滑向危险的边缘。这个"节"能够作为人"情欲"与"天理"之间的平衡,以防止"人化于物",防止"灭天理而穷人欲"(《礼记·乐记》),避免产生人间的罪恶。这个"节"就是"礼",处理得当,就做到了"中"。

孔子儒家思索人性,思索"人之所以为人"的问题,其中心的思想应该正是为人处世之"中"的问题,这也是儒学的核心议题。他要求人们关注"人情"与"人义",他向往社会的和谐与"大同"。他深信,只要人们正心修身,推延亲情,放大"善性",秉顺理性,循道而行,社会就不难达至"至善"之境。

为了使人们的行为符合社会规范,孔子还强调"以刑教中"。所谓"以刑教中",不是指单纯地强制性地以刑罚强迫人们遵守"中道"。正如政治治理中"徒法不足以治"的道理一样,"以刑教中"还具有树立典型、正

确引导的意义,而且这应该是"中道"方法教育中重要的方面。

西周时期,"以刑教中"是"大司徒"社会教化手段的"十二教"之一。这时期的"以刑教中",是通过刑罚判决告诉人们做人的道理。但绝不仅如此,因为周代的教化系统比较完备。《周礼》"天官冢宰"中有"太宰"一职,其具体职掌"建邦之六典",用来辅佐王者治理天下邦国。所谓"六典",其中有"刑典"时,其表述为"以诘邦国,以刑百官,以纠万民"。太宰怎样"刑百官"？许多注释、翻译都径直理解为"惩罚恶吏""惩罚不法官吏"等。其实,《周礼》刑典的"刑"应该与"型"相通,有法式、典范、榜样的意义,强调的是对百官的管理,即为政者的表率作用,以此进行社会人心教化。

孔子的认识与之完全一致。在他看来,对百官应"以礼御其心","属之以廉耻之节"(《孔子家语·五刑》),树立法式和典范。孔子说:"名不正,则言不顺;言不顺,则事不成;事不成,则礼乐不兴;礼乐不兴,则刑罚不中;刑罚不中,则民无所措手足。"(《论语·子路》)如果社会没有正气,礼乐不兴,那么刑罚就很难做到公正,社会的公平、正义就无从谈起。

3. "中庸之道"是"和谐"之道

从实质上讲,"中庸之道"就是修身之道,也是君子之道。孔子主张仁政德治,他教育弟子,十分强调个人修养,教以诗书,导以孝悌,用仁义礼乐加以引导和启示,以成就道义、德行。这是人具体的修行方式与途径。

《中庸》说:"喜怒哀乐之未发,谓之中;发而皆中节,谓之和。"心里对外界的正常反应是喜怒哀乐,这是人情之"中";表达时有度有节,其结果被称作和。人都有喜怒哀乐之类的情绪,这些情绪是对外部事物的正常反应。人们对外界事物的反应都具有一定的客观性,这便是"率性"之"道",这正如《尚书·盘庚》中所说:"各设中于乃心。"人心里面的那个"中",是人正常的情绪与心境,它的正常、适度、有节的表达,才会得到"和"的结果。而人"发而中节",决定心里的那个"中"。没有"中",就没有"和"。

人生的和谐体现在"中庸"或者"时中"的认识境界中。人之执中,首先应当"知中"。《易·乾·爻辞》九三曰:"君子终日乾乾,夕惕若厉,无咎。"传统上,认为"终日乾乾"是终日戒慎恐惧,自强不息。"夕惕若厉",到晚上还是心怀忧惕,不敢有一点的松懈。人们通常认为这是说人应有"忧患意识"。

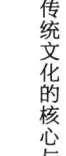

其实,这样理解《周易》并不准确。实际上,"夕惕若"的"惕",帛书《易传》作"沂",沂本作"析"。衣、析、惕,意义相同,本义为解除,引申为安闲、休息义。《乾》九三爻辞强调的是一个"时"字,要求君子要因时行止。所以《淮南子·人间训》认为:"终日乾乾,以阳动也;夕惕若厉,以阴息也。因日以动,因夜以息,唯有道者能行之。"孔子解释得好,他说:"君子进德修业。忠信所以进德也。修辞立其诚,所以居业也。……居上位而不骄,在下位而不忧,故乾乾因其时而惕(析),虽危无咎矣。"(《易·乾·文言》)人生贵在正确对待升迁进退,因为"上下无常""进退无恒",重要的是不断"进德修业",关键的时候才能及时抓住机遇。

在现实社会中,有很多时候,人的行为未必合宜,未必适当。孔子和早期儒家思想认为,社会管理的最高境界是用道德教化人心,其次则是以政治引导人民。但政教不是万能的,它并非在任何时候、对任何人都适用,也有的人"化之弗变,导之弗从"(《孔子家语·刑政》),其行为伤义败俗,负面影响很大,对这些人就只能"用刑",采取强硬措施。这种对"伤义败俗"者的惩罚,是对社会扭曲行为的矫正,也是对社会行为的一种刚性引导。这是从特殊的角度,告诉人们什么是"中",什么样的行为违背了社会规范。

中庸之道作为传统儒家修行的法宝,其基本点在于教育人们自觉地进行自我修养、自我监督、自我教育、自我完善，把自己培养成为具有理想君子人格的人，其理论的基础在于人道应当符合天道，将天人合一，尽心知性知天，做到将人的理性与情感统一起来，完善自己内心的品德和智慧，在此基础上处理好各种人际关系，进而使天下国家达到太平和合的理想境界。

中庸是人生和谐之道，也是世界和谐之道。人生和谐的追求需要以"义"为准则，国家的、天下的和谐同样如此。"中和"之境追求的"和谐"不是暂时的，它建立在"礼"的牢固基础上，具有相对的稳定性。儒家既主张"以和为贵"，同时又强调"以礼节和"。所以礼贵得"中"，只有知有所"节"才能知其所"中"，只有得中庸之常道，才可以不偏不倚，恰到好处。无论对个人、家庭还是对社会、国家，乃至整个世界，"和"都极其重要。

要保持"和"，重要的是守礼、有道，遵循共同的行为准则。只有人有恒心，做到至诚，才会坚守德行，与周围的人相处融洽。如果没有自己独立的思想，不能坚持自己的德行，一味追求和别人保持一致，而不讲求原则，就很难与他人和谐相处，共同发展。这同样既是人生和谐之道，也是世界和谐之道。

二、儒学精神是中华传统文化的代表

我们是四大文明古国之一,当其他的古国文明"断代"后,中华文明还能持续至今,并焕发出鲜活的时代魅力,就是因为有传统文化在。孔子的思想学说是中华传统文化最艳丽的花朵,儒学精神贯穿古今,有了以儒学精神为代表的传统文化,中华民族就会比世界上其他民族更和谐、更和平,这也是我们中华民族最鲜明的特色。

(一)儒学在传统文化中的地位

儒家学说是中国传统文化的主流和重要组成部分,是凝成中华民族精神的关键。牟宗三先生曾说:"察业识莫如佛,观事变莫若道,而知性尽性,开价值之源,树价值之主体莫若儒。"

作为中国传统文化的荦荦大端,孔子儒家文化其实就是中国文化的血脉与灵魂。两者是血与水、源与流的关系。中国传统文化是中华民族在中国古代社会形成并发展起来的比较稳定的文化形态,是中华民族智慧的结晶,是中华民族的历史遗产在现实生活中的展现。这个思想体系蕴含着丰富的文化科学精神,这种科学精神又是通过儒学之要义来体现的,在悠久的历史发展过程中,形成了优秀的儒家文化价值理念。

博大精深、极具包容性的儒学,长期以来一直是中华民族共同的精神支柱之一。中华文明的包容性特征很早便形成了。春秋时期就有人说"和实生物,同则不继"(《国语·郑语》),孔子儒家集古代文化之大成,形成了"和而不同"的优秀品质,虽不苟同,但相互尊重,和平共处。这对于中国这样一个统一多民族国家产生了深远的影响,"是中华民族生生不息、发展壮大的丰厚滋养"。

儒学作为中国传统文化的主流文化,只能在超越了单一民族观念和思想体系时才能存在。它一方面提倡"夷夏之防",十分注重激励民族精神与爱国主义;另一方面,又以"近者悦,远者来"和"四海之内皆兄弟"的博大胸怀,倡导民族和睦,友好相处,对中华民族共同体的形成与巩固起了凝聚作用,因此,儒学长期以来是中华民族共同的精神支柱。儒学提倡德化社会、德化人生的思想对中国人产生了极其深远的影响,成为华人世界共同的文化心理基础。直到今日,儒家文化仍是维护中华民族团结和国家统一的强大内聚力。

孔子是五千年"中国文化之中心",儒学是传统文化之主干。孔子和儒学的这种地位是历史形成的。两千

五百多年前,孔子创立儒家学说,不是凭空创造的,而是在社会的大动乱中通过对三代流传下来的文化遗产进行反思、认真整理并重新加以诠释而形成的。从元典时代走来的孔子儒学,是此后两千多年中华文明的"源头活水"。孔子向往三代圣王之治,推崇并"删述"整理"六经"——《诗》《书》《礼》《乐》《春秋》《周易》。作为中国文化"元典"的代表,"六经"凝结了古圣先贤的智慧,孔子的"信而好古"使儒学具有了深厚的历史渊源,成为中国元典的保存者和当时传统文化的集大成者。钱穆先生说:"孔子为中国第一大圣人。在孔子以前,中国历史文化当已有两千五百年以上之积累,而孔子集其大成。在孔子以后,中国历史文化又复有两千五百年以上之演进,而孔子开其新统,在此五千多年之间,中国历史进程之指示,中国文化理想之建立,具有最深的影响最大贡献者,殆无人堪与孔子相比伦。"

综观我国上下五千年历史文明的变迁与发展,我们不难发现"孔孟之道"的儒家思想就是贯穿中国传统文化始终的思想核心与理论基石。春秋末年,周王室衰微,天下无道,礼崩乐坏。正是在这种状况下,孔子创立儒家学派,祖述尧舜,宪章文武,创立儒家学说,兴办私学,实施教化。"孔子布衣,传十余世,学者宗之。自天子王侯,中国言《六艺》者折中于夫子,可谓至圣矣!"(《史记·孔子世家》)孔子一生弟子三千,大多在其身后弘扬其思想，实践其政治主张，为孔子思想流传百世做出了贡献。在长达两千多年的中国封建社会里，儒家思想一直在官方意识形态领域占据着正统地位，对中国官学文化产生了广泛而深刻的影响。

（二）儒家文化的巨大生命力

与世界其他古代文明相比，中国文明的一个突出特点，就是它连绵不断传承至今。几千年来，不论历经多少朝代更迭，风云变幻，中华民族传统都深深植根于这块古老而肥沃的文化土壤。

作为中国传统文化的荦荦大端，孔子儒家文化其实就是中国文化的血脉与灵魂。现代史学家柳诒徵先生说："孔子者，中国文化之中心也；无孔子则无中国文化。"在学术界，不少学者常常说孔子儒学是"博大精深"的思想体系，但怎样博大，如何精深，恐怕很多人还是"习而不察、莫名其妙"的。

儒家文化的生命力首先源于其对历史文化的总结与继承。孔子向往三代圣王之治，推崇并"删述"整理"六经"——《诗》《书》《礼》《乐》《春秋》《周易》。作为中国文化"元典"的代表，"六经"凝结了古圣先贤的智慧。非常耐人寻味的是，《庄子》也推崇"六经"，认为其中蕴含有"内圣外王之道"。庄子把学术分为"道术"与

"方术",在他看来,"道术"包含天地之美,万物之理;而"方术"则抓住一点不及其余,缺乏整体意识和系统思维。庄子说"内圣外王"的仁人爱物之道便属于"道术"。庄子所赞扬的,竟然与孔子相同。

孔子儒家学说思兼天人,牢笼天地,将人类作为自然界的一部分,思考人与自然的关系,儒家学说还包蕴精微,无所不至,不仅思考人与社会、人与人的关系,而且思考人自身人生与人心的协调。很显然,只要人类社会存在,只要人们生活在一起,就必须考虑人与人之间的和谐相处,就必须首先考虑人如何做人的问题,孔子坚信,不仅夏商周如此,而且"百世"以后依然如此。

孔子的话告诉人们一个道理,儒学作为"修己安人"之学,任何时代也难以抛弃。既然社会由个体的人组成,人们之间要和顺、和谐,就不能不考虑人的管理方式,就不能不"推己及人""为政以德"。如果一味实行强权霸政,逞一己之欲,就会导致政权倾覆,社会乱危。秦朝结束了春秋战国以来的长期分裂,所以当时的大臣称秦始皇"功盖五帝",但他们没有想到,秦帝"仁义不施",终致二世而亡。继起的汉朝接受秦朝速亡的教训,以"孝"治天下,有的皇帝自称"内多欲而外施仁义",从而王霸相杂,恩威并施。

有人说:"到目前为止,世界上大概还找不出第二个人,像中国的孔子这样,在差不多两千五百多年的日子里，受到数亿万人的关注，从尊崇、膜拜，到评论、指责，乃至谩骂、揶揄，竟从未中断过。"不论对孔子如何理解，不论怎样对待孔子，人们思考社会治乱问题，孔子都是不能绕过的人物。孔子儒学可以丧失独尊的地位，但孔子儒学的影响却不会中断。

人们对孔子儒家褒贬抑扬，是因对孔子认识的不同而造成的。汉高祖刘邦曾经很瞧不起儒生，甚至摘下儒生的帽子"溲溺其中"，后来，他看到孔子儒学对于维护社会秩序有不可替代的作用，竟然成为历史上第一位到孔庙祭祀孔子的帝王。秦汉之际的历史变动，使人们对儒学有了更好的了解，到汉武帝以后，儒家学说便成为"独尊"的学说，成为占主导地位的统治思想。少数民族政权也是如此，他们入主中原之后，都接受了儒家文化，尊崇孔子，推崇儒学。

魏晋时期，玄学首先对儒学形成了冲击。那时，一些人"轻贱"唐、虞，"菲薄"周、孔，以名教礼法为"乱危死亡之术"。而观其实质，玄学家更多的还是调和，是用道家思想解说儒家经典，并不违背儒家教义。

历史上，儒学首先遭遇的挑战来自佛、道二教。南北朝隋唐时期，佛教盛行，唐朝除武宗外，几乎所有帝王都不同程度地利用佛、道。但是，佛、道的盛行与社会发展相矛盾，因而，这时期多次出现灭佛运动，以"求兵于僧众之间，取地于塔庙之下"。佛学盛行时期，儒学的价

值观仍占主导地位,历代统治者都倡导忠君和孝亲,注重立身治国的儒家之学。佛徒还有所谓《父母恩重经》《孝子报恩经》等,称"孝道"为"儒释皆宗"。

近代以来,儒学遭遇了西方文化前所未有的挑战,几乎被逼至"中绝"的边缘。面对落后挨打、丧权辱国的惨痛现实,不少人宣布与传统文化决裂。于是,20世纪的中国形成了一个"反传统的传统",似乎中华民族要摆脱苦难,就必须摒弃文化传统,必须"打倒孔家店"。在很长的时期里,人们都被这样的激情控制着。例如,钱玄同提出"废孔学不可不先废汉文",鲁迅被尊为"民族的脊梁",也认为汉字"真是愚民政策的利器""汉字不灭,中国必亡";瞿秋白则痛骂汉字"真正是世界上最龌龊最恶劣最浑蛋的中世纪的茅坑"。作为"孔门学说"载体者还有线装书,于是,又有吴稚晖提出"把线装书丢到茅厕"之说。古代文明被贬得一文不值。

新文化运动对中国走向现代社会起了重大作用。然而,新文化运动的偏狭与过激也消弭了国人对于民族历史文化的"温情与敬意"。然而,在有人激烈抨击传统的时候,也有人强烈拥护传统,虽然西方观念的冲击势如破竹,但同时也有近代孔教运动的兴起。近代有一个值得重视的现象,即当人们了解了西方,再回头反观中国文化时,对儒学的认识就往往变得冷静和理性。严复翻译《天演论》,其初衷在于使国人更好地了解西方,重新认识中华元文化的深厚底蕴;章太炎最初激烈"诋孔",后来变为强烈"尊孔"。《大学》无异于儒家"圣经",孙中山先生极力推赞《大学》,称其"精微开展的理论""是我们政治哲学的知识中独有的宝贝",为了拾起"民族精神",他号召找回这些"知识的精神"。

儒家文化两千多年的影响,已经形成中华民族的心理积淀,在国人的生活和精神层面起着重要的作用,儒家文化在历史上虽然曾受到极大冲击,但它始终没有中断。今日,人们欣慰地看到,经过长期曲折的中华民族,终于走过了一个又一个的泥泞和坎坷。人们认识到,儒家思想在中国文化生活上失掉自主权,丧失新生命,才是中华民族的最大危机。这样,儒学的"中断"更不可能!

(三)儒学与社会关系的三阶段

从儒学形成直到今天,对于孔子儒学价值认识的分歧从来就没有停止过。为了更好地理解孔子儒学,把握儒学与中国社会的关系,更好地弘扬优秀传统文化,结合中国社会历史文化的实际,对儒学进行适当的阶段性划分很有必要。

在两千多年的发展中,中国儒学大致可以分为三个阶段:一是"原始儒学阶段"。先秦时期尤其夏商周王

权时代,这是儒学的创立与形成时期,最终在春秋战国时期形成了儒家学派。在这一时期,孔子儒家主张"修己安人"和"仁政""德治",强调"正名",带有明显的"德行色彩"。二是"儒学发展阶段"。秦汉以降至清朝,这是中国的皇权时代,在两千年的帝制时代,儒家学者虽然"宗师仲尼",致力于探索儒学精义,发展了儒学,但儒学与政治结合,并且走向民间,与皇权社会及专制政治发生了密切联系。三是"儒学反省阶段"。到了近代,皇权政治结束,进入民权时代,中国被动地融入世界,人们开始了对儒学与社会关系的反思与反省。放眼儒学的全部历程,可以说,直到今天仍处在这一阶段。

对儒学进行这样的划分,有两个时期就显得十分关键:一是秦汉之际,二是清末民初。秦汉是中国专制政治的建立时期,与先秦时期不同的是,这时期政治上皇权至上,适应专制政治的需要,逐渐强化君权、父权和夫权,儒学慢慢蜕变,染上了显著的"威权色彩",呈现出为后世所诟病的"缺乏平等意识和自由理念",也与现代社会格格不入。近代以来,尤其甲午中日战争以来,中国社会特殊的历史变动,促使人们反思自己的民族文化。在帝制时代,孔子被尊崇到极高地位,儒学是统治学说,新文化运动的矛头自然直指孔子,借以打倒儒学和传统文化。这种"全盘性反传统主义"运动,其思维方式上存在偏颇是显而易见的。客观上却主要指向具有"威权色彩"的儒学，把被扭曲了的儒学主张看得更清。

相比之下，认识和理解儒学在秦汉之际的境遇及变化最为根本。先秦时期，作为"百家争鸣"的一部分，儒学在与各派的互相排斥、争鸣与融合、吸收中得以发展，他们都强调自觉修身，以人为本，崇礼明德，重视教化。而到汉代，儒学却发生了质的变化，由民间学术上升为官方学术，儒学与政治紧密结合起来，呈现出明显的纲纪观念与浓重的"威权政治"色彩。

秦始皇"焚书坑儒"政策的实施，使儒家经典受到了重创，儒学自孔子逝世以后的发展进入了低谷期。但另一方面，秦朝实行暴政，导致了其统一王朝的覆灭。秦朝二世而亡的深刻教训，也使得继起的汉朝统治者不能不细细反思，他们认识到，"仁义不施"是造成强秦覆灭的根本原因，认识到"纯法"之治"严而少恩"的弊端。以此为鉴，汉初统治者倡导黄老之学，与民休息。但"清静无为""因循为用"的道家学说并不能有效适应封建社会的大一统政治需要，相反，儒学在"列君臣、父子之礼，序夫妇、长幼之别"方面的优长则有利于封建宗法与专制统治的加强。于是，在经过反复辨析、权衡利益得失后，汉代统治者最终还是选择了儒学。

实际上，西汉统治者选择以儒学治国，却改变了原始儒学德行政治思想的浓郁色彩，这一点，在汉高祖刘

邦那里就已经显露出了端倪。而刘邦对于儒生与儒学态度的转变也意味深长、发人深思。开始的时候，刘邦似乎对儒学、儒家没有多少兴趣。刘邦是一位起于小吏的"草头天子"，对儒学缺乏基本的了解，他即位称帝之初，对儒家的《诗》《书》等典籍没有丝毫兴趣，对儒家典籍的教化作用一无所知。可是，后来的刘邦却与先前判若两人。他在敕太子书中说："吾遭乱世，当秦禁学，自喜谓读书无益。自践阼以来，时方省书，乃使人知作者之意。追思昔所行，多不是。"以后，路过鲁地时，他甚至还"以太牢祠孔子"。他对孔子和儒学的态度发生了根本转变。

　　刘邦对孔子和儒学由谩骂、蛮横转为敬重、尊崇，主要缘于当时现实的逼迫。汉初，经济极度凋敝，政治混乱，民怨沸腾。历史的曲折多难和巨变，给新兴的汉王朝提出了时代的主题，他们不能不思考如何建立自己的统治秩序，改变当时的残破局面，正视这突如其来的国家学说的空缺。当战争的烟尘散尽之后，他们首先思索的是秦朝二世而亡的教训。那时的思想家一针见血地指出，汉代不能再向秦朝那样"用刑太急"、"仁义不施"、不知教化，于是，他们试图用儒家的礼仪建立汉朝的统治秩序。然而，直接引导刘邦态度转变的则是叔孙通、陆贾等汉初儒生。他们崇尚现实、顺应时势，注重实际问题的解决，在探索和选择封建统治的指导思想过程中,可能会更加重视学说的实证性。因此,被司马迁称为"汉家儒宗"的叔孙通制定汉代朝仪,对刘邦的刺激可能会大一些。当时,仪法混乱,"群臣饮酒争功,醉或妄呼,拔剑击柱",刘邦为此大为伤神。当叔孙通提出制定朝仪时,刘邦还不怎么相信,说"可试为之",并且特意指出不要搞得太复杂,要适合汉初君臣的理解能力。然而,当礼仪施行于朝廷后,刘邦才由衷地感到"为皇帝之贵也",并拜叔孙通为太常,"赐金五百斤",连他的弟子也都做了郎官。这件事肯定对刘邦转变对孔子和儒学的态度起了重要作用。

在被司马迁称为"汉家儒宗"的叔孙通身上,就十分鲜明地体现出汉代儒学的转变。叔孙通通达时变,"知当世之要务",这是汉儒与先秦儒家的一个重要的不同特点。读《史记》《汉书》中叔孙通的传记,给人留下印象最深的是他精通"时变",审时度势,能在秦汉之际的动荡岁月中出入自由,游刃有余。在秦末汉初的动荡岁月中,他多次易主,实际上是在选择可事之君。他跟随刘邦后,仍然不忘灵活变通,去就取舍,"与时变化",他把"不知时变"的儒士称为"鄙儒"。

秦汉时期已与春秋战国时期不同,孔子时代,世界多元,孔子可以像"择木之鸟"那样在列国之树中进行选择。秦汉之时,多元的世界归于一统,此时只有一棵皇权大树,儒者无选择余地,因此,如果再像孔子那样

"道不同不相为谋",便意味着永不用世。更何况,像孔、孟那样的儒学大师,尽管一生栖栖惶惶,到处奔走,可在当时众树林立的情况下,仍然没能找到适合的栖身之所。叔孙通显然也是在寻找可栖之树,他几经选择,终于归从了即将取得天下的刘邦。后来,他就极力寻找儒家与皇权的结合点,以求儒学和儒生受到重视。如果没有叔孙通等人的"变通"或者"圆通",儒家也许将永远摆脱不了孔子那种"丧家之狗"的命运,儒学成为官学更无从谈起。

儒学的这种转变当然是一个逐渐变化的过程。到汉武帝"罢黜百家,独尊儒术",儒学上升为受到"独尊"的官学,自然也不可避免地演变为政治统治的有力工具。但是,尽管儒术已经"独尊",儒者中的某一个人如果违背了统治者的一己之欲,仍然会遭到统治者的严惩,甚至危及生命。儒生为了更好地适应社会的发展,也变得唯唯诺诺,唯君主是从。自儒学被定于一尊后,儒学也就成为国家思想与政治生活的重要组成部分。

西汉时期,经学兴盛,其原因正在于此,正像班固在《汉书·艺文志》所说的那样:"自武帝立五经博士,开弟子员……百有余年,传业者寖盛,枝叶繁多……盖禄利之路然也。"可见传经的目的已不仅仅在于弘道,更是将着眼点放在了现实政治上,与当时的政治紧密结合起来。于是,经学博士们为了满足统治者的需要,甚至不得不改变经文原意,例如,在强调民本的同时,他们会自觉不自觉地抛弃孟子的"君轻"论,放弃荀子的"从道不从君"论,而代之以突出君权的"尊君卑臣""君为臣纲"等,从而强化君主专制的理论。

成书于西汉时期的《礼记》《大戴礼记》,作为儒家的重要经典,就体现出了显著的威权政治的特色。在这两部书中,有大量的与《孔子家语》相同的材料,只是《礼记》与《大戴礼记》都进行了一定的改动。如果将其详加比较,就可以看出《孔子家语》的用词更为近真。也就是说,仅仅从儒生改造儒家经典所透露的信息,我们就可以明显看到汉代儒生价值观念的转变,与先秦经典相比,汉代儒学典籍色调有了明显改变,读汉儒改造后的儒家论述,处处闪现着帝制时代所特有的纲纪观念,散发出浓重的汉代威权政治的气息。在这些典籍里,先秦儒家提倡的以重修身、重民,以及君臣之间互尽义务、彼此信任为特征的德行政治被遮蔽起来,在君臣、上下之间,要求更多的是臣对君的忠诚,至此,儒学蜕变成为两千多年帝制时代君主独尊的威权政治学说。

对中国儒学进行这样的划分,有助于对儒学价值的认识。作为思想文化,孔子儒学的影响之大可以说罕有匹敌,而对其价值认识的分歧之大竟然也无与伦比。孔子学说之所以影响巨大,是因为它的形成有一个十分广阔的文化背景,这个文化背景成就了孔子的博大与高

深。不难理解,文明的发展是加速度的,无论是文献记载还是出土资料,都证明我们以往对中国古代文明的发展程度的估计严重偏低了,如果我们再不能走出迷茫,就很难对中华文明的发展有正确的理解与评价;如果不能理解孔子等早期儒家的博大,就很难对后儒的"宗师仲尼"有准确的理解。近代的学者们说得好:"孔子以前的中国文化差不多都收在孔子手里","自孔子以前数千年之文化,赖孔子而传"。没有对孔子思想"集大成"特点的准确认知,或者思维停留在疑古思潮盛行的那个时期,科学认识孔子儒学就无从谈起!

了解这一点十分重要!在中国不断遭受外敌欺凌,中华民族面临生死存亡的时期,希望中华民族走出低谷,关注民族命运的人都思考文化问题,强烈"保守"传统的人多数看到了原始儒学的真精神,而对孔子儒学与传统文化持"激进"立场的人,则更多地看到了作为"专制政治灵魂"的那个"偶像的权威"。难怪"新启蒙运动时期"有学者提出要"打倒孔家店,救出孔夫子",我们确实应该关注原始儒学,分清"真孔子"和"假孔子",澄清误解,明辨是非,正确对待儒学与中国传统文化。

对儒学分为三个阶段进行认识,绝不是简单地"回到孔子"。如果"正本清源""返本开新"意味着否定历代学术的发展,那将是极大的误读。我们当然不是也不能抹杀历代学者的贡献,只是为了更好地理解儒学在当代社会的境遇,从而更好地认识儒学。谁也没有并且不会无视儒学发展过程中呈现出的流变与阶段性特征,不会无视历代儒学大师等众多学者的贡献。元武宗即位时命翰林起草诏书,其中有一句话说得好:"先孔子而圣者,非孔子无以明;后孔子而圣者,非孔子无以法。"如果也这样理解后儒之于孔子的关系,就会减少很多误解。如果我们不尽可能全面、整体地认识孔子和早期儒学,就说不清孔子以后的儒学发展与孔子的关系。事实上,还有不少人似乎无视众多"孔子遗说"的存在,不能理解孔子所处时代中华文明已有的漫长发展,凭着只言片语的孔子言论,进行"老道的""经验式"的解读,这样就难以了解孔子思想"全体",不能把握中华文化精髓。

从儒学自身的发展看,"反思"与"反省"仍然在进行。随着学术事业的进步,人们对儒学的变化看得更清楚了。不过,总体观察当下人们对孔子儒学的理解,还带有明显的过渡性特征。研究儒学如果不能把握"精髓",就有可能竞相树旗立帜,标新立异,往往各执己见;推广儒学如果不能抓住"要领",就有可能舍本逐末,事倍功半,乃至南辕北辙。"说者流于辩,听者乱于辞",儒学怎能发挥经世化民的作用?今天,只要走近孔子那颗伟大的心灵,认真借鉴先圣先贤的智慧,就能看清通向民族复兴的理想之路。

第三章
儒学精神与社会主义核心价值观建设

习近平总书记在一系列讲话中特别强调,培育和弘扬社会主义核心价值观必须立足中华优秀传统文化,要讲清楚中华优秀传统文化的历史渊源、发展脉络、基本走向,讲清楚中华文化的独特创造、价值理念、鲜明特色,增强文化自信和价值观自信。中国人独特而悠久的精神世界,让中国人具有很强的民族自信心,国家综合实力最核心的体现在文化软实力,这事关精、气、神的凝聚。为此,我们要坚定理论自信、道路自信、制度自信,也要有充分的传统文化自信,在当前的社会主义核心价值观建设中,处理好对儒学精神继承和创造性发展的关系,重点做好创造性转化和创新性发展。

一、儒学精神在当代中国的意义

在当代中国,我们要重建人文精神,就必须认识孔子儒学的永恒与普遍价值,认识到其中所蕴含的理性精神。现在最为重要的是,应当尽力改变长期以来形成的对待民族文化根深蒂固的片面态度,只有正确认识孔子文化,正确看待孔子及其历史贡献,科学理解孔子在中华文化锻造过程中的作用,才能准确把握孔子文化的当代价值。

(一)孔子文化与当代中国社会

孔子创立了儒学,孔子思想影响后世既深且远。然而,后人诠释孔子,发挥他的学说,虽然主观上都力图"汲取其精华",但"偏执一端"的现象却不一而足,在孔子思想、儒学特征以及儒学与现代社会的关系问题上,都还存在不同的认识,有的理解存在很大偏差。就像西方的思想界,苏格拉底曾说世上最有价值的知识就是道德伦理知识,便有人据此而贬抑一切艺术和学问,认为只要懂得道德伦理,就不再需要其他知识,这种观点存

在的偏颇与错误显而易见。

　　孔子文化影响力的升降浮沉与中国国力的变化联系密切。近代以来，中国落后挨打，不少人迁怒于中国的传统文化，从而强化、放大了人们对传统文化负面影响的认识。于是，在20世纪，中国甚至形成了一个"反传统的传统"，似乎中华民族要摆脱苦难，就必须摒弃中华文化传统。后来，"古史辨"运动兴起，学者们由疑古史到疑古书，中国古代文化典籍遭到前所未有的怀疑。经过疑古学者的层层剥离，孔夫子竟然变成了一位"空夫子"！

　　随着学术的进步，随着地下出土文献的不断问世，人们逐渐认识到疑古学派的"勇而无当"。不能不承认，疑古思潮造成了中国上古文化的空白，更给孔子文化带来了灾难性的影响。要消除这种影响，就应当本着求真、求实的精神，将孔子文化放在中国上古文化的大背景下考察，将孔子回归到他所处的时空中去研究，必须充分利用考古材料，从基础工作出发，将考古发现与传世文献认真比较、综合分析，从而补偏救弊。但是，我们应当清醒地看到，包括许多研究者在内，要真正认清疑古思潮的消极影响还需要相当长的时间，超越疑古，走出迷茫，仍然是一个艰难的过程。

　　值得欣慰的是，当人们面对林林总总的现实问题，思索人类社会的未来走向时，世界上不同国籍、不同文化背景的人,已经有许多不约而同地瞩目于两千五百年前的圣哲孔子,看到了熠熠生辉的"孔子的智慧"。这能够推进对孔子文化的研究和认识,促使更多的人将目光投向孔子。在这样的趋势之下,我们已经没有理由对孔子学说、孔子文化漠然置之,而应当力图更全面、更准确地认识孔子思想的精髓,理解孔子学说的真谛。

孔子留下了宝贵的思想文化遗产,他关注自然、关注人生,更关注社会、关注天下。孔子从调适自我、完善人格出发,主张和睦家庭,均衡社会,平治天下,他要求人的修养适应社会,与自然和谐,最终达到天人合一、物我共益。孔子文化有融合百家、会通兼容的气度,有克己成人、忍辱载道的气质,它造就了中华民族的优秀品格,这也是孔子文化最重要的时代价值。

孔子给我们的人生启示首先在于他对真理的执着追求。他的一生都在不懈努力,他的一生是自强不息的一生。他向往三代圣王之治,希望王道大行,实现仁政德治。他有自己的独立人格,对社会历史与现实有清醒而深刻的认识,他希望教化社会人心,讲究仁爱,遵守秩序,并为之四处奔走,"知其不可而为之"。孔子心目中有一片圣洁的天地,他坚持"君子修道立德,不谓穷困而改节",而为了追求大义,有时又不惜"受屈"抑志,屈节求伸。他的政治理想是要天下为公、讲信修睦、谋闭不兴、盗贼不作,以至社会大同。孔子晚而喜《易》,在《易

传》中多次提到"刚健""有为",《象辞》所说的"自强不息",其实正是孔子生命主题的写照。

孔子执着于自己的政治追求,绝不愚顽不化。但是,在很长的时间里,孔子文化被当作"封建文化""落后文化"的代名词,不少人认为孔子思想保守,甚至以为孔子主张"倒退",实际上,这是一个重大误解。孔子明确反对"生乎今之世,反古之道",《周易》中所说的"与时偕行",最能集中体现孔子的超凡智慧。就像前面所说,人们误解《礼运》篇,以为孔子向往的大同社会是所谓"原始共产主义时代"。其实,认真读《孔子家语》与《礼记》,就会发现孔子所言是指"三代明王"时期。孔子思想的显著特征是主张"时变",主张在变化的时势中找到最合适的切入点,由此,"时中"观念、"时"的哲学才深入后世人心。

孔子注重人与自然的关系,主张"天人和谐",这突出表现在他的天、地、人"三才"一贯思想上。在《易传》中,天、地、人是宇宙组成的三大要素。《序卦传》说"有天地然后有万物,有万物然后有男女",进而出现了夫妇、父子、君臣,由此又产生了上下、礼义。《贲·象传》曰:"刚柔交错,天文也。文明以止,人文也。观乎天文,以察时变;观乎人文,以化成天下。"人与自然并列,就应和谐相处,由此形成了儒家"天人相通""天人合一"的人与自然相互协调的观念。孔子认识到客观规律不可抗拒,他说:"获罪于天,无所祷也。"孔子言行中包含丰富的天人和谐等生态意识,认为人应当自觉认识与遵守自然规律。《论语·述而》说孔子"钓而不纲,弋不射宿";《孔子家语·五帝德》记孔子说:"治民以顺天地之纪""仁厚及于鸟兽昆虫""养财以任地""履时以象天""春夏秋冬育护天下",这些都包含注重生态平衡,遵从自然规律的意义。

如何处理德、法关系,是古今中外政治家、思想家都要面对的问题。孔子认为德治是政治的根本,盛德薄刑才能使天下大治。孔子重德,但不排斥刑法,以刑罚作为德治的重要补充。古代文献留下了孔子这方面大量的精到论述,如《左传·昭公二十年》记孔子曰:"政宽则民慢,慢则纠之于猛。猛则民残,民残则施之以宽。宽以济猛,猛以济宽。宽猛相济,政是以和。"《孔子家语·刑政》记孔子说:"太上以德教民,而以礼齐之。其次以政焉。导民以刑,禁之刑,不刑也。化之弗变,导之弗从,伤义以败俗,于是乎用刑矣。"用刑以德为前提,刑只使用于愚顽不化的人。古罗马谚语说:"没有社会道德,法律有什么用!"

具有高尚道德,首先必须"明耻",在"博学于文"的同时,做到"行己有耻",按照"君子"人格、"圣人"境界自觉要求自身,注重人的群体意义和社会价值。应当承认,孔子及其所创立的儒学有一种对生命意识的敬畏和

终极关怀。在深沉的思考中,他们十分关注人之生死的终极意义,要求世人在信念上具有终极承担精神,从而提升生活品质和人文境界。例如,在处理义、利关系时,孔子历来主张重义轻利、先义后利。他的高明之处还在于重义而不排斥利,没有将"义"与"利"对立起来,只是孔子认为追求富贵必须以义为前提。在政治实践中,孔子不仅主张"务民之义",而且要"因民之所利而利之"。这对于现代商业经营,对于企业管理都具有重要的启发意义。

随着社会的发展,人际关系变得越来越隔膜和复杂,如何处理人际关系,世界许多宗教的教义都有教人向善的类似表述。在中国,孔子继承中华上古文化的传统美德,很早就明确提出的推己及人、待人如己的原则最具典型意义。1993年8月,"第二届世界宗教议会"通过并发表了《世界宗教议会走向全球伦理宣言》,其核心内容是把传统"金律"作为世界各主要文化类型共同的最基本道德准则之一。人们承认:"数千年来,人类的许多宗教和伦理传统都具有并一直维系着这样一条原则:己所不欲,勿施于人。"仅仅在《论语》中,就记有两次孔子说"己所不欲,勿施于人",在个人行为方面,孔子极力反对损人利己、乘人之危、欺诈残害他人,而渴望一种和谐美满的人际关系。"己所不欲,勿施于人"的忠恕思想应当成为人类共同遵守的黄金法则。

在继承春秋以前"和""同"概念的基础上,孔子提出了"和而不同"的命题。"和而不同"是包括儒家在内的中国传统文化的核心观念,西方学者汤因比等称其为中华文明的精髓。"和而不同",孔子还表述为"和而不流",他强调和谐,但更主张循道而行。它可用来处理各种矛盾关系,它不仅主张社会关系、人与自然关系的协调,还主张不同国家、民族、文化之间的协调。

孔子思想是一个庞大的体系,孔子有"家国天下"的胸怀,在对待孔子思想与儒家学说方面,抓住一点不及其余,就会造成理解上的偏颇。我们深深地知道,在对本土文化的研究中,在对中国古代区域文化的研究中,常出现偏爱本土文化、人为拔高所在区域文化的现象。因此,我们也必须提醒与告诫自己,对孔子与儒家文化的研究要力戒片面,努力追求客观公正的认识。

很显然,孔子儒学虽然产生在春秋末年的"泰山之阳",但早已经不仅仅是鲁地的区域文化,也不仅仅是在中华民族中具有深刻影响的中国本土文化。孔子属于鲁地、属于中国,孔子也属于东方、属于全人类。在当代中国,在当今世界,孔子文化应当发挥更大的作用。这是孔子文化特质的要求,更是时代的感召和呼唤。要平治国家社会,要进行道德重建,我们应当依凭孔子的人文教化。

任何一个民族振兴的动力一定存在于其民族文化

中,中华民族要复兴,必须到自己的民族文化中去发掘"内力"。孔子文化中有我们最基本的价值支撑,人们不宜舍本逐末,费力他求。毫无疑问,在日益全球化的今天,不同文化之间应当互相尊重、互相借鉴,与此同时,更要弘扬和培育自身的传统文化。中华大地孕育生成了孔子文化,孔子文化也应当在这块土壤中继续得到培植,并使之为消解纷争、排除忧患、追求人类福祉做出更大贡献。

钱穆先生在所著《国史大纲》中,将"有知识的人"与"有知识的国民"区别开来,他强调,作为国民,人人都应该明白"我所自来"和"我之所属"的问题,应当对自己的历史与文化抱有一种"温情与敬意"。研究历史与探讨文化其实也需要对自身历史文化的敬重与挚爱,学术研究的客观性要求,与敬爱历史文化并不矛盾。历史研究当然需要"求实"与"考信",但动辄将现实中的许多问题推卸给古人,既不实事求是,学术研究也难免出现偏差;没有对自身历史的钟爱,就不会有探索历史真实性的执着。对待传统,不应"偏激",不能"虚无",更不能"狂妄"。我们经历过这样偏激的时代,现实中也不乏这样偏激的人,但这样的偏激有害而无益。

（二）关于儒家文化的教化意义

1927年，梁漱溟先生曾经书写过一副对联，上联是"不为圣贤，便为禽兽"，下联是"莫问收获，但问耕耘"。今天，人们理解下联不难，而谈及上联，就不能不觉得疑惑，因为此联不仅显得唐突，而且看起来有些绝对乃至荒谬。其实，这样一副看似简单的对联，却包含着中国传统文化的广阔背景，与儒家的教化学说紧密相连。

所谓"教化"，本义是上施下效，长善救失，使有改变。"教"指文教，是指使人向善的方向转变，所以《国语·周语》说："教，文之施也。""化"的本义是悄然改变，所以有人说"在阳称变，在阴称化"，上有所教，下有所行，便可以称为"化"，所以《说文》说道："化，教行也。"儒家关注社会，关注现实，因而十分重视作为社会最基本"细胞"的人。儒家主张对人的教化，自然是希望教行迁善，人人向善，最终达到社会的"至善"。

毫无疑问，自出生之始，作为一种生命存在，人便已经为"人"，就开始享受做"人"的权利。然而，如果将"人"的属性分为自然性与社会性两个方面，那么，人生之初，更多的还是自然性的一面，而要成为具有健全人格的社会的人，还需要逐渐认识社会、了解人生、积累知识、充实涵养，这是一个使人具备社会性的过程，自然也

是一个教化的过程。人要成为一个完全意义上的"人",就不能只考虑自身的自然性,不能仅仅停留在自己是一个自然人的层面上,更要兼顾社会,考虑到自己是社会的一员。

早期儒家就看清了"自然人"与"社会人"应有的区别。孔子与弟子讨论问题时,就常常提到"成人"这一概念。何谓"成人"?现代使用这一概念,多是着眼于人的身材、体力或智力,从而理解为"达到完全发育的人""成年的人",而较少注意它的道德内涵。其实,在孔子和早期儒家那里,所谓"成人",更多的还是指人的道德人格的养成、人的社会性的完善。

所谓"成人",当然首先是一个年龄概念。人生而幼,不可谓成人。幼而学,学而长,人的学习与成长,应是社会道德内涵不断扩充的过程。早期儒家强调"人与禽兽"的区别,无非是说人具有社会性,人具有道德,应与其他动物不同。

孔子和儒家对"成人"的认识,有深刻的文化背景。最晚自西周开始,中国已经有了比较完备的成人礼,男子的成人礼称为"冠礼"。在周代,对青少年进行的做人教育贯穿在他们成长的整个过程之中。那时,人八岁而入小学,开始学习洒扫、应对、进退,学习礼、乐、射、御、书、数等知识。等到十五岁时,贵族子弟、民之俊秀,都要入大学,而教之以穷理、正心、修己、治人之道。经过几年的学习，一个人由少年而青年，由不谙世事的孩子，变成能够承担社会义务的成年人。行冠礼之后，他们开始享有成年人的权利，开始对婚姻、家庭和社会尽自己的责任。因此，冠礼就是对其"成年"的认可，是其正式步入"成年人"行列的标志。

冠礼是人生最基本的礼仪，人成为"成人"，不仅能够行礼，还要自觉以礼来约束自身。礼有"礼仪"与"礼义"的不同层面，有形式与内容的区分。按照儒家对冠礼的理解，人而成人，就应当对社会伦理或行为准则有较为准确的认同。成人礼是人生礼仪的重要环节，行过成人礼，证明已经长大成人，已经可以恋爱，可以结婚，可以作为成人社会的正式成员。行过冠礼，就应该实实在在地担负起自己的职责，尽自己的义务。人在成人之后应当穿着得体，行为得当，言辞和顺，不应再像顽皮的孩童什么都不管不顾。

在人之为人方面，儒家论述得十分充分。人既然为人，就应当懂得并使自己的行为符合"人义"，否则，只有人的躯体而缺乏人的道德内涵，就不能算是完全意义上的"人"。《礼记·冠义》说："成人之者，将责成人礼焉也；责成人礼焉者，将责为人子、为人弟、为人臣、为人少者之礼行焉。"古代社会的基本伦理是父子、兄弟、君臣、夫妇、朋友，对于一个长大成人的"人"，应当懂得"人义"，即做人的基本要求。《礼记·礼运》说："何谓

人义？父慈子孝，兄良弟悌，夫义妇听，长惠幼顺，君仁臣忠。十者谓之人义。"人年满二十，行过冠礼之后，便应认同这些人伦，从而取得实践"人义"的基本前提。

从某种意义上讲，儒学就是关于社会人心教化的学说。按照《史记》中的说法，战国时期各家考虑的都是社会"治"的问题，儒家更是如此。在孔子看来，社会上人口繁衍、百姓富足之后，还一定要"教"，"教"是达至"治"的必要手段。除了"圣人"教导百姓，从而"淑世道，正人心"，更重要的是社会上每一个人自觉的修行。孔子认为，在三代盛世，"奸谋闭而不兴"，"盗窃乱贼不作"，人们天下为公，讲信修睦，长幼有序，外户不闭。达到这样的"大同"境界，需要人人修身，个个仁爱，教化大行，需要人们按照自己的社会角色尽己尽责。"尽己""修己"而使得人具有"礼义"，这是人区别于其他动物的根本特征，所以《礼记》说："凡人之所以为人者，礼义也。"人之为人，在于懂得礼义，否则就难以称为"人"。

将"人"与"禽兽"并言，似有不雅。然而，人、禽之别恰恰是早期儒家思索"人"与社会问题的逻辑起点。孔子谈"孝"，就是从这样的角度着眼。比如，有人认为能够养活父母就是做到"孝"了，孔子认为不然，因为自己家里的狗、马也能够被养活，如果不能够对父母做到"敬"，那么供养父母就与养活狗、马没有区别。孟子说:"人之所以异于禽兽者几希。"在他看来,人区别于禽兽的只有很少一点,这一点便是人能够保持自身的"仁义"。无论"诚敬",还是"仁义",都是人所独有而禽兽所不具备的。

儒家对人的认识是深刻的,孔子首先将"天道"与"人道"联系起来进行思考。人有天命之性,人生而具有喜怒哀乐,具有七情六欲,古代先王正是上承"天道"以治"人情"的。在先王基础上,孔子不仅思考由"天道"而"人道"的关系,还进而思考由"人情"而"人义"的逻辑关系,孔子所谓"人义"就是为人之"道"。例如,天道"如日月东西相从而不已",社会也不断发展,人应顺应社会不断积极进取;天地不合,万物不生,男女相婚,万世之嗣,婚姻之礼由此便值得重视。又如,"子生三年,然后免于父母之怀",那么,父母去世后,子女行三年之丧就合乎情理。

实际上,儒家所说的"礼"就是人应遵循的法则,因此,孟子将"礼"看成是"门",将"义"看成是"路",他说:"夫义,路也;礼,门也。惟君子能由是路,出入是门也。"孔子看到礼崩乐坏的社会现实,看到许许多多的违礼之举,他甚至感到无奈,他说:"谁能出不由户? 何莫由斯道也?"显然,人不能出不由户,但现实中却有许多人不由"道"而行。试想:一个人出外不经过门户,行走不在路上,此等人,何人哉?!

由于所处的时代不同,由于认识的着眼点不同,早期儒家对人性的理解也有差别。孟子认为人性本善,具有先验的善性,所以,人应当加强自身修养,以保持善端,健全道德人格。而荀子则认为人之性恶,既然如此,人就应当从师而学,效法古圣先贤,所以,他特别强调"明礼义以化之",主张通过礼义的教化,诱导人们"化性起伪",去"恶"从"善"。

教化天下,关键在于教化人心,而人心教化,其对象或重点应在青少年,这便是儒家适时而教的思想。那时,人们十分清楚这样的道理:"少成若天性,习惯之为常","时过然后学,则勤苦而难成"。教育的最佳时机是青少年世界观、价值观正在形成的时期,如果错过了这样的最佳时机,将会事倍功半。

社会人心的教化方式有多种,但教化的目标却是一致的,那就是使人们知修身、敢担当、讲仁爱、重和谐。至迟到周代,中国就已经形成了自己的教化传统,周代的司徒之官,便负责掌管"邦教"。《礼记·王制》说:"司徒修六礼以节民性,明七教以兴民德,齐八政以防淫。"所谓"六礼",是指冠、昏、丧、祭、乡、相见,司徒用这些礼仪来节制人民的性情。所谓"七教",是指父子、兄弟、夫妇、君臣、长幼、朋友、宾客,关注、体察并认真处理好这些方面的社会关系,以此来提高人们的德行;所谓八政,是指饮食、衣服、技艺、器物品类、长度单位、容量单位、计数方法、物品规格等方面的制度和规定,用来防止淫邪现象的出现。另外,还采取种种措施加强对民众的教化,例如"一道德以同俗,养耆老以致孝,恤孤独以逮不足,上贤以崇德,简不肖以绌恶",如此等等,都是社会人心教化的具体内容。

面对春秋末年以来的社会乱象,早期儒家更加注重社会秩序的整合,他们向往夏商周三代盛世。在他们心目中,尧、舜、禹、汤、文、武、周公等都是具有仁德的圣王,因此,孔子儒家都"祖述尧舜,宪章文武",以这些"圣王"为道德楷模,以他们的思想与行为感染世人。在后人的心目中,文、武、周公成就周人的"文德",结束了"争道之不塞,臣下之危上"的乱局,周公以后,成王从政,以周公之道移风易俗。《淮南子·要略》说:"孔子修成、康之道,述周公之训,以教七十子,使服其衣冠,修其篇籍,故儒者之学生焉。"孔子不仅收徒授学,弘扬先王之道,而且整理古代典籍,将载有"圣王之道"的"六经"加以整理,使之更有利于社会教化。

在周代,《诗》《书》《礼》《乐》本来就是社会教化的工具,据《礼记·王制》载,那时培养人才有所谓"造士"的说法。在作为教化之官的司徒之下有"乐正","乐正崇四术,立四教,顺先王《诗》《书》《礼》《乐》以造士。春秋教以《礼》《乐》,冬夏教以《诗》《书》",这里所说的"四术""四教"都是指的《诗》《书》《礼》

107

《乐》。到孔子之时,他"作《春秋》、赞《易》",于是,在孔子的心目中,《诗》《书》《礼》《乐》《易》《春秋》"六经"作为"载道"之书,便成为"邦国之教"的最佳工具。

六经是重要的文化资源,孔子删订《诗》《书》,修起《礼》《乐》,赞《易》,作《春秋》,他整理"六经",实际是对古代传承下来的文化资源进行整理。这些资源是深厚而多元的,司马迁曾说:"《易》著天地阴阳四时五行,故长于变;《礼》经纪人伦,故长于行;《书》记先王之事,故长于政;《诗》记山川溪谷禽兽草木牝牡雌雄,故长于风;《乐》乐所以立,故长于和;《春秋》辨是非,故长于治人。是故《礼》以节人,《乐》以发和,《书》以道事,《诗》以达意,《易》以道化,《春秋》以道义。"以现在的视野来看,《诗经》所代表的人是感情的动物,《书经》所代表的人是政治的动物,《礼记》所代表的人是社会的动物,《乐经》所代表的人是具有艺术性的动物,《春秋》所代表的人是历史的动物,《易经》所代表的人是具有终极关怀的动物。孔子看重经书之教,在他看来,"六经"是社会人心很好的教化工具,"六经"功能不同,都可以敦化民风,化成民俗,所以,进入一个国家就可以从民风、民性上了解这个国家的教化,从老百姓的温、良、恭、俭、让等不同方面感知这里的政教。

早期儒家提倡以"六经"教化社会,绝不意味着他们像后世的章句之儒那样拘泥于经书文本。事实上,不论孔子之时还是以后各代,都有不少人停留在经书的表面上,固执章句,拘守经文,这样,即使"口不绝吟于六艺之文",也未必能真正领会经书大义,历史上,这样的例子不胜枚举。孔子就十分清楚地认识到,只有真正"深"于"六经",从精神实质上进行领会,才能使之发挥应有的作用,否则就是只见其表不睹其里,只窥其门而不入其室。孔子谈论"六经之教",同时也注意到如果把握不当,就容易出现"六经教化"之"失"。正是因为如此,战国时期的荀子提倡"隆礼义而杀《诗》《书》",他很重视从经书中理解先王之道的真正意蕴,而看不惯那种只注意"禹行而舜趋""正其衣冠,齐其颜色"之类细枝末节的人,称这样的人是"俗人""俗儒"或"贱儒"。

关于世道人心的教化,儒家有一套完整的理论,说起来,儒家教化学说"博大精深",然而,就像孔子所说,"道不远人,人之为道而远人,不可以为道",事实上,儒家的教化学说又距离人们很近。儒家追求社会的"至善",要求从社会上的每一个人做起,上自天子,下至庶人,都要自觉修身。此即《大学》中所说的"为人君,止于仁;为人臣,止于敬;为人子,止于孝;为人父,止于慈;与国人交,止于信"。人之为人,"亲亲为大",人必须懂得孝悌之道,孔子说:"立爱自亲始,教民睦也;立敬自长始,教民顺也。"只有这样,才能推己及人,做到"不独亲其亲,不独子其子",做到"泛爱众"。

儒家特别强调为政在位者在社会人心教化中的作用,认为教化之要在于身教。孔子说:"政者,正也。子帅以正,孰敢不正?"孔子又说:"其身正,不令而行;其身不正,虽令不从。"很显然,榜样的力量是无穷的,人君为"民之表",应当先"立仁"于己,老百姓往往更重视君上"做"了什么而不是"说"了什么,从这样的意义上说,君子可以"不出家而成教于国民"。孔子曾说:"民可使,由之;不可使,知之。"这句话是说君上要随顺民众,应知民之性,达民之情,这与人们曾经长期误解的所谓"愚民"没有任何关系。

儒家强调教化,但绝不是不要法制,恰恰相反,儒家认为社会人心的教化必须有法制的保障。不难理解,教化功能具有"硬"与"软"的两面性,敦风化俗,人心教化,往往能够显示出强大的力量,但有时候,教化也会表现出它的一定的局限性,这时候,法制的功能便显现出来。孔子认为,三代时期的"圣人之治"都是"刑政相参"的,如有"邪民"不"从化",就需要"待之以刑"。在孔子看来,"以德教民,而以礼齐之"是政治的最高境界,其次则是"以政焉。导民以刑,禁之刑"。如果"化之弗变,导之弗从,伤义以败俗",刑罚就派上了用场。在这里,刑之用乃以德为前提,刑只适用于愚顽不化、不守法度的人。

(三)孔子智慧:树立人民信仰的文化支撑

习近平总书记说:"人民有信仰,民族有希望,国家有力量。"近代以来,中国还从来没有像今天这样关注"人民信仰"的问题。只有人民有共同的价值信仰,社会、国家才能真正和谐。世界在瞩目中国,中国人在思考中国社会的全面进步。不论哪个国家、社会,只有在基本消除外患与内乱之后,在解决基本生存问题后,才有可能考虑社会的多元化协调发展。我们感慨中国社会的沧桑巨变,更冷静思索如何树立"人民的信仰"的问题。

毫无疑问,任何社会的进步都首先应该是观念的进步。人民的共同信仰、人心的和谐大顺,必须基于整个社会各方面的和谐,当然也是政治、经济与文化的全面协调。社会观念深深植根于民族文化的土壤,没有民族文化的根基,就没有民族的立足点,就缺少民族的自立与自信,从而难以真正吸纳世界上其他的优秀文化成果。今天,我们应该比以往任何时期都更珍视祖国优秀的传统文化,应该把孔子智慧作为最基本的文化支撑。

1. 和谐是中国人数千年的不懈追求

和谐,即和睦协调。"和"有相安、协调之意,又有平静、祥和之意。《尔雅》曰:"谐,和也。"《广雅》曰:"和,谐也。""和"与"谐"可以互训。"和谐"一词源自《左传》。据《左传》襄公十一年记载,郑国曾经赠送给晋国乐师、武器、乐队等,晋侯将乐队的半数赐给大臣魏绛,愿意与他一同享用,这是因为魏绛曾经教晋侯"和诸戎狄,以正诸华",晋侯说:"八年之中,九合诸侯,如乐之和,无所不谐。"魏绛说:"夫乐以安德,义以处之,礼以行之,信以守之,仁以厉之,而后可以殿邦国,同福禄,来远人,所谓乐也。"晋侯坚持按照以前的规定对魏绛进行赏赐,"魏绛于是乎始有金石之乐"。这里的和谐所指乃是音乐,是说晋国在当时与各诸侯国关系处置得当。

两汉典籍中,"和谐"已被广泛使用,如《诗经·关雎》诗小序毛苌曰:"后妃乐君子之德,无不和谐。"接着说到由此"风化天下"的问题,认为:"夫妇别则父子亲,父子亲则君臣敬,君臣敬则朝廷正,朝廷正则王化成。"这里的"和谐"是指协调、和顺。又如《全后汉文》卷八十八仲长统《法诫篇》曰:"政专则和谐,相倚则违戾。和谐则天平之所兴也,违戾则荒乱之所起也。"这里的

"和谐"是指连贯、一致、通达。

先秦典籍虽然还未见"和谐"一词,但和谐思想早已十分丰富。我国古代非常重视和谐,古籍中谈到和谐问题者比比皆是。例如,在《尚书》中,已经有不少明确谈论和谐问题的材料。据记载,尧舜时期就十分注重和谐。《尧典》记曰:"帝尧曰放勋,钦明文思安安,允恭克让,光被四表,格于上下。克明俊德,以亲九族。九族既睦,平章百姓。百姓昭明,协和万邦。黎民于变时雍。"帝尧明察英断,文雅敏捷,温和礼让,影响四方,他发挥自身才德,和睦九族,辨明族姓,协和各个城邑邦国。这样做的最终效果是百姓都变得温顺和善。

《尚书·舜典》又记舜帝对其大臣夔说:"命汝典乐,教胄子,直而温,宽而栗,刚而无虐,简而无傲。诗言志,歌永言,声依永,律和声。八音克谐,无相夺伦,神人以和。"这里所说是舜帝时期的乐教问题。舜帝令夔主管音乐,教化后代,希望把他们教育成具有高尚德行的人。他认为诗、歌、声、律与思想感情表达密切关联,音乐和谐会带来人的和谐,带来神的和谐。据说,舜帝的父亲愚顽,母亲不善,弟弟也倨傲不敬,而年轻时的舜却能以孝道和谐父母兄弟,使他们努力做事,不致邪恶,这便是《尧典》所说的"克谐以孝"。

人类文明形成以后,就应当有人思考社会的稳定与和谐问题。尧舜时期如此,三代更是这样。例如,据《古

文尚书·咸有一德》载,商朝的贤臣伊尹曾对他的君主太甲说:"今嗣王新服厥命,惟新厥德。终始惟一,时乃日新。任官惟贤材,左右惟其人。臣为上为德,为下为民。其难其慎,惟和惟一。德无常师,主善为师。善无常主,协于克一。俾万姓咸曰:'大哉王言。'又曰:'一哉王心。'克绥先王之禄,永厎烝民之生。"他建议太甲要道德纯一,注重品德的更新,要任贤使能,不能懈怠。让大臣上为君主着想,下为百姓考虑。而要做到这些实在不易,应该谨慎努力,必须和众,必须一心一意,从而共同尊君,这样不仅能保持君主禄位,还能安定民众生活。可见,在伊尹看来,"惟和惟一"是多么重要!

到了周代,为政治国更加重视人文教化。在继承前代的基础上,周公制礼作乐,从而奠定了中国礼乐文明的基调。周代实行分封制度,周天子是天下共主,大批功臣、亲戚以及臣服于周朝的部族首领成为周天子的大臣,而他们又继续分封,逐步建立起了周朝的统治体系。《左传》桓公二年说:"天子建国,诸侯立家,卿置侧室,大夫有贰宗,士有隶子弟,庶人、工商,各有分亲,皆有等衰。是以民服事其上,而下无觊觎。"在周朝这样的统治系统中,权利与义务都有明确的规定,从上到下,各司其职,只有如此,周朝的政治才能稳固。

我们今天看到的《周礼》,原称《周官》,该书的成书问题曾经存在很大争议,据我们的研究,传统记载中所说的成书于周初是没有问题的。按照周初制礼时的指导思想，周初统治者一方面要继承前代，建立起一套完整的国家管理制度，另一方面又强调社会管理中人的因素。据《尚书·周官》载，周代设立有太师、太傅、太保三公，使"论道经邦，燮理阴阳"，又立少师、少傅、少保三孤"贰公弘化，寅亮天地"，帮助三公，他们共同作为周王的辅弼。在这样的基础上，设置六官："冢宰掌邦治，统百官，均四海。司徒掌邦教，敷五典，扰兆民。宗伯掌邦礼，治神人，和上下。司马掌邦政，统六师，平邦国。司寇掌邦禁，诘奸慝，刑暴乱。司空掌邦土，居四民，时地利。六卿分职，各率其属，以倡九牧，阜成兆民。"在设官的同时，他们认识到："明王立政，不惟其官，惟其人"，"官不必备，惟其人"。正因如此，他们看到人才的重要性，希望推贤让能，达到众官之间的和谐，避免政治的无序与杂乱。

《周礼》是周人政治的根本制度，是周人追求社会平稳运行的思想结晶。在《周礼》中，周朝的社会管理系统已经达到了空前的完备程度，它把官僚机构分为天官、地官、春官、夏官、秋官、冬官六个部门。天官冢宰总管百官、朝廷以及国家大政，是王的直接辅佐；地官司徒主管教化以及分封土地、处理民事；春官宗伯主管祭祀鬼神和礼仪活动；夏官司马主管军队和战事；秋官司寇主管诉讼和刑罚；冬官司空主管手工业及其工匠。在这

六个部门之下,各分设几十个属官,形成一个比较细密的管理体系。

从国家管理体系的角度看,《周礼》六官各有分工侧重,分理社会系统的不同方面,又都彼此相连,通过天官冢宰系统职官的调配,各自成为社会管理链条中的不同环节。这就像隋唐时期,国家在三省之外设有六部,这个六部,就与《周礼》的六官系统一致。从总体上讲,整个周官系统都是为了追求社会的和谐,他们希望通过社会的管理,达到一个更高的境界。

为了达到社会和谐的目标,对于社会民众,从外在的约束到内在的自觉,几乎都有考虑与布局。在社会政治与人际和谐方面,《周礼》就有许多更为具体的规定,例如地官司徒"帅其属而掌邦教",大司徒的职责之一是"施十有二教",具体说来:"一曰以祀礼教敬,则民不苟;二曰以阳礼教让,则民不争;三曰以阴礼教亲,则民不怨;四曰以乐礼教和,则民不乖;五曰以仪辨等,则民不越;六曰以俗教安,则民不偷;七曰以刑教中,则民不虣;八曰以誓教恤,则民不怠;九曰以度教节,则民知足;十曰以世事教能,则民不失职;十有一曰以贤制爵,则民慎德;十有二曰以庸制禄,则民兴功。"

除了教民懂得敬、让、亲、和,自觉遵守社会规范外,还对出现的种种问题做了周到的考虑,如地官司徒中专有负责排解调和民众纠纷的官员。这种官员称为"调人"。据《周礼》记载："调人下士二人,史二人,徒十人。"调人拥有一定的属员。据《周礼·调人》载："调人掌司万民之难而谐和之:凡过而杀伤人者,以民成之,鸟兽亦如之。凡和难:父之雠,辟诸海外;兄弟之雠,辟诸千里之外;从父兄弟之雠,不同国。君之雠视父,师长之雠视兄弟,主友之雠视从父兄弟,弗辟,则与之瑞节而以执之。凡杀人有反杀者,使邦国交雠之。凡杀人而义者,不同国,令勿雠,雠之则死。凡有斗怒者成之,不可成者则书之,先动者诛之。"调人掌理调解万民之间的仇恨,对于因过失而杀伤人的,集合人民公议而和解,过失杀伤他人所畜养的鸟兽也是一样。还有一套调解仇恨的原则,对于杀父之仇、兄弟之仇、从父从兄弟之仇,对于杀君之仇、杀师长的冤仇、杀所居异国的君主与朋友的冤仇等都有一定的处理方式,视不同情况不同对待。对于人民言语相斗,加以调解,不愿和解的,记载事情发生的本末缘由,有先行报复的,要加以责让挞罚。

对于《周礼》所反映的周人的管理制度,前人论述已经很多,这里需要指出的是:第一,由于种种原因,我们以前对周代社会管理的水平估价严重不足,人们对《周礼》成书时代的后置便是最为具体的表现之一。第二,《周礼》是我国先人追求社会和谐的思想成果,《周礼》不仅不像现在许多人想象的那样成书很晚,而且在此之前,它已经过了上千年的历史积累,是周初思想家继承

夏商以来的社会管理经验,从而斟酌损益、抉择去取的结果。

周代的礼乐文明是整个中国传统文明的基石,就像周礼乃是"损益"夏商之礼而来那样,周礼对后世中国封建政治的影响可谓既深又远。中国历代都在追求政治稳定,上下协同,因而也就不断地调整制度,推陈出新。但万变不离其宗,这个宗旨都是如《尚书·无逸》中周公所说"用咸和万民"。

中国历代对和谐社会的追求集中体现在"大同"社会政治思想上。孔子总结历史,反思现实,提出了一系列的思想主张,形成了他的儒家理论学说。孔子希望重整社会秩序,恢复古代圣王之治,他对社会政治的最终追求,就是他的"大同"社会理想。

2. 孔子学说体系就是建立和谐社会

从本质上讲,孔子的思想是关于社会政治的思想,孔子的学说是关于社会治乱问题的学说。孔子的思想博大精深,但归根结底,孔子的思想学说都紧紧围绕着一个主题,那就是建立一个有序的社会,建立一个和谐的社会。

值得重视的是《论语》篇的记载。该书首篇《学而》中记载:

有子曰:"礼之用,和为贵。先王之道,斯为美;小大由之。有所不行,知和而和,不以礼节之,亦不可行也。"

　　这里强调的是"和"。所谓"和",即和合或人心和顺,指人与人之间关系和睦、和谐。《贾子·道术》说:"刚柔得道谓之和,反和为乖。""和"为礼之所有,行礼以和为贵,和可以看成礼。礼主分,乐主和,故梁皇侃、宋邢昺有"和谓乐也。乐主和同,故为乐为和"的说法。

　　这里论述"以和为贵"和"以礼节和"思想。有子认为,礼的作用,以和为贵,从前圣王治国,都以和合为好,无论大事、小事,都以此为出发点,按此原则行事。"和"指的是乐,这里所说的"和"也可以看成是"人和"。人和就是人心和顺,使人与人之间关系和谐。但有时候,如果知道和合可贵而一味和合,也就难以行得通了。这里是讲行礼与贵和的关系,礼贵得中,知有所节,则知所中,能得中庸之常道,不偏不倚,恰到好处。无论人、家庭还是社会、国家,"和"都极重要。要保持"和",重要的是守礼、有道。

　　有子是孔子的弟子,姓有,名若,字子有。后人尊称他为有子。《史记·仲尼弟子列传》说他"状似孔子",孔子去世后,他曾经被孔门弟子推举为"师",即继任了

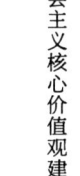

孔子的儒家领袖地位。虽然不久就遭到了其他弟子的否定——或许这主要因为他与孔子之间在学问上的明显距离——但他被推举为"师"的事实本身，可以说明他在孔子弟子中确实十分重要。这也彰显了《论语》本章的意义与价值。

《论语》中的每一篇有没有主旨？《论语》的资料是无序地随意排列，还是有序地精心比次？后人对此的理解却有不同。《论语》各篇有无主旨，皇侃作《论语义疏》，认为每篇都有主旨，并为之一一说解。朱熹也这样认为，朱夫子谈第一篇说："此为书之首篇，故所记多务本之意，乃入道之门，积德之基，学者之先务也。"朱熹认为《学而》篇是全书思想的根本所在。

依照我们的看法，皇侃等人的理解应该是正确的。近年来出土了大批的新材料，这使我们可以对孔子与早期儒学的许多问题进行重新认识，对于《论语》的成书问题也是如此。根据笔者的研究，《论语》应该成书于孔子裔孙子思等人之手，他们对《论语》材料的编排不是随意进行的，而是基于他们对孔子的深切了解而排比孔子及其弟子门人的语录，孔子后人称此书具有"正实而切事"的特点，应该是没有任何问题的。基于对《论语》成书问题的这种认识，我们看出孔子思想中和谐思想不同寻常的地位。显然，《学而》篇围绕做人这一个中心问题展开，做人的问题在儒学体系中十分重要，从本质上讲,儒学其实就是"修己安人"之学,儒家特别强调个人修养,即所谓"修己",而"修己"的目的就在于"安人""安百姓""安天下",这也是儒家经典《大学》的纲领。

《论语》的结构正是如此。《论语》首篇为总论,用皇侃《论语义疏》的话说就是"皆人行之大者"。而后,《论语》的每一章都有一个主题,依照孔子思想体系的内在逻辑线索逐步展开,分别谈为政以德、守礼明礼、择仁处仁等,层层剥离,依次展开。《论语》首篇十分重要,《朱子语类·论语二》引宋人吴寿昌之言:"今读《论语》,只熟读《学而》一篇。若明得一篇,其余自然易晓。"这的确是通读《论语》掌握其真谛的中肯之言。

《论语》首篇记述有子关于"和"的论述,实际是借有子之口明确了孔子思想体系的本质方面。"大同"社会是孔子追求的政治理想,他推崇先王,宣扬"先王之道",为了达至"圣王之治",他进行过很多的论述。例如,据《孔子家语·王言》载,孔子弟子曾子曾向孔子请教有关"明王"的问题:

孔子曰:"昔者帝舜左禹而右皋陶,不下席而天下治,夫如此,何上之劳乎?政之不平,君之患也,令之不行,臣之罪也。"

孔子曰:"上敬老则下益孝,上尊齿则下益悌,

上乐施则下益宽,上亲贤则下择友,上好德则下不隐,上恶贪则下耻争,上廉让则下耻节,此之谓七教。七教者,治民之本也。政教定,则本正也。凡上者,民之表也,表正则何物不正。是故人君先立仁于己,然后大夫忠而士信,民敦俗璞,璞悫愿貌男悫而女贞,六者,教之致也。布诸天下四方而不怨,纳诸寻常之室而不塞,等之以礼,立之以义,行之以顺,则民之弃恶,如汤之灌雪焉。"

孔子曰:"至礼不让而天下治,至赏不费而天下士悦,至乐无声而天下民和。明王笃行三至,故天下之君,可得而知,天下之士,可得而臣,天下之民,可得而用。"

孔子心目中的古代"明王",其治理天下都已经达到了和谐的状态。他们的做法无非是用人得当,其行身正,乐善好施,政平民和。在《孔子家语·执辔》篇的记载中,孔子心目中的理想政治乃是"壹其德法,正其百官,以均齐民力,和安民心",就是"令不再而民顺从,刑不用而天下治"。

孔子思想博大精深,在他的思想体系中,"仁""礼""中庸""道""义""和"等都是有机组成部分。以前,在孔子研究中,对于何者为孔子思想的核心,学者们的看法存在重大分歧。学术界多数人强调"仁"在孔子思想中的重要地位,认为"仁"应该是孔子思想的核心;有的则认为"礼"贯穿于孔子的政治、经济、哲学、文学、史学、教育等思想中,孔子之学就是礼学,它从大到细,面面俱到,"礼"应该是孔子思想的核心;另外,还有的人认为孔子的思想核心是"道"、是"和"、是"中庸"等。其实,在孔子思想核心问题上的分歧,主要是人们在一些具体问题的认识上存有不同的见解,例如研究方法的不同、对材料的占有与分析理解有异等。

要对孔子思想核心有正确的认识,关键要解决两个问题:

第一,必须看到孔子思想是一个动态发展的过程。在他人生的不同时期,他的思想所表现出来的具体特征亦有不同,因此必须认识到孔子思想发展中的阶段性表现。在他的思想产生的早期,他关注最多的是"礼",即周礼,他念念不忘以周礼重整社会,他之所以被社会广泛认可,也是因为他精通周代的礼乐制度。以后,他对社会人生的认识更加深化,他到处推行自己的主张,企图用自己的学说改造社会,但事与愿违,处处碰壁。他不得不思考"礼"之不行的深层原因,于是,他开始越来越多地提到"仁",议论"仁"与"礼"之间的关系,使他的"仁"的学说得到了充分的拓展和完善。进入"知命"之年后,孔子的人生境界逐渐提高,以至于最后达到了"从心所欲不逾矩"的佳境。他晚而喜《易》,并作《易传》,

对自己的哲学思想进行了具体的阐发,他的"中庸"的方法论观点也臻于成熟。如果把孔子的一生进行这样整体的分析,或许会有助于对其思想核心问题的理解。

第二,孔子是一位思想家,首先是一位政治思想家。他关注社会,关注人生,关注自然,更关注社会政治问题。但是,归根结底,孔子的思想都是围绕社会政治问题阐发的。他谈论"礼",是希望社会上下有序,政治安定;他谈论"仁",正是为了人们自觉地遵守"礼",以之为手段,他的"仁"的学说是围绕政治统治来阐发的。认真研究孔子的"礼"的政治思想,不难发现,他的这一思想乃是激愤于"天下无道"的现实,希望发扬"先王之道",最终归宿乃是建立"有道"之世。所以,有学者认为,孔子思想中,"道"占有极其重要的地位。而进一步分析,可以看出孔子的"道",其实就是他理想的"大同社会"。从这个意义上,"和"在孔子思想中的重要位置就显而易见了。

在孔子思想体系中,社会和谐问题乃是孔子思考的根本问题。孔子也的确常常说到"和",在孔子丰富的思想宝库中,他的论述总是围绕着"和",他希望通过各种方式达到思想上的统一、行动上的一致、社会上的协调、国家中的安宁。而说到底,就是一个"和"字。"和"既是调和的手段,更是和谐的状态,孔子希望达到一种和谐的状态、和平的环境、和洽的气氛,即达到一种远比

"和"的手段更高、更深、更广的和谐机制。

3. 孔子智慧是社会发展的不竭源泉

孔子与儒家的哲学是一种关于和谐的哲学,它追求的是整个社会的和谐。孔子和儒家不仅讲人与自然的和谐,也讲人与社会的和谐,讲人与人的和谐。儒家哲学影响了无数的中国人,影响了历代中国社会。作为中国传统文化的根基所在,孔子智慧在中国特色社会主义社会构建中将会提供源源不断的精神文化动力。

我们建设中国特色社会主义的目标,是要实现民主法治、公平正义、诚信友爱、充满活力、安定有序、人与自然和谐相处。显然,和谐社会不仅仅是经济的快速发展,也不仅仅是一个社会的稳定,它要通过不懈的努力去实现。按照这样的目标,我们所构建的中国特色社会主义社会,至少应当具备如下特征:第一,要加强民主法治建设以维护社会的稳定;第二,要协调各方面的利益关系以维护社会的公平;第三,要营造良好的社会氛围以形成良好的人际环境;第四,要调动一切积极因素以增强社会的创造活力;第五,要加强民主法治建设以维护社会稳定;第六,要处理好人与自然的关系以保证可持续发展。

可以看出,和谐社会要求人与人之间建立起互相尊

重、互相信任的社会关系,要以和谐为基准,从而安邦兴业,而最为紧要的还是全体人民各尽所能、各得其所、和谐相处。这其实正是千百年来无数中国人所孜孜以求的梦想。从本质上讲,和谐社会是对社会主义本质认识的深化和发展。

毋庸讳言,我国目前还存在着许许多多的问题,离我们所希冀的社会和谐还有很长的路要走。例如诚信扭曲、贫富分化、道德断裂、腐败多发、公平失衡、矛盾冲突……一个个影响着我们建设和谐社会进程的事实摆在我们面前。走向和谐社会的春天,我们要经过严冬的考验。再如城乡差别问题,就像有人说的,"城乡和谐路漫漫"。施宾格勒说过:"石头是城市的本质,就像土地是农村的本质一样。"似乎将城乡差别一语道出。

然而,尽管构建和谐社会知易行难,但其作为一个既定奋斗目标,我们应当不懈地努力。正如俄国作家柯罗连科脍炙人口的名篇《火光》所描述的:"火光冲破朦胧的夜色,明明在那儿闪烁。不过船夫是对的:事实上,火光的确还远着呢……然而,火光啊……毕竟……毕竟就在前头!"既然树立信仰、建立和谐社会是一种很理想的社会模式,那么,构建信仰、建设和谐社会,就应当是一个永不停止的努力方向,而我们要做的便是加劲划桨,直至到达理想的彼岸。

在建设和谐社会的过程中,我们应当充分吸取孔子的智慧。其实,自20世纪以来,中华传统文化已经出现了严重的断裂,这种断裂的不幸不仅表现在文化传统的断裂,更造就了一批否定传统的人,他们不理解本来面貌的孔子儒学,从而丧失了对优秀传统文化的感情。但是,文化是一个民族的根本,没有自身文化的民族将是十分危险的,甚至难以称得上是民族。民族的兴旺与发达,其根本标志应当在于其民族文化的繁荣。

20世纪已经尘埃落定。然而,我们跨入新世纪的门槛,回眸百年风云,放眼新世纪的时候,会很自然地思考起人类社会的未来命运,思考起林林总总的现实问题该如何应对。

1988年1月,七十五位参会者(包括五十二名科学家)聚集在法国巴黎,举行议题为"面向21世纪"的大会,这便是"第一届诺贝尔奖获得者国际大会",当时,处在世纪末的人们在对未来充满希望的同时,心中也颇有几分苦涩,几分忧虑,他们在思考人类社会的命运。参会者经过四天的讨论所得出的结论之一是:"人类要在21世纪生存下去,必须回到两千五百年以前,去汲取孔子的智慧。"

有意思的是,提出这个结论的不是中国人,而是瑞典的物理学家汉内斯·阿尔文博士。据介绍,阿尔文博士一直致力于空间研究,1970年,他获得了诺贝尔物理学奖。更有意思的是,这个报道是一位西方记者在西方

的报纸上报道出来的。这个报道首见于澳大利亚《堪培拉时报》,系"帕特里克·曼汉姆自巴黎报道"。据介绍,虽然会议的结论多达十六个,这篇报道却格外看重这个结论,除以大量笔墨重点介绍外,更以"诺贝尔奖获得者说要汲取孔子的智慧"来命名。报道开门见山地指出了诺贝尔奖获得者的这一建议,并称在会议的新闻发布会上,汉内斯·阿尔文博士的这一发言"最精彩"。

孔子的地位在中国历史上的升降沉浮实在令人感慨、耐人寻味。这是由孔子思想的特征所决定的,每到社会安定的时候,孔子便受到重视,孔子和儒学的地位便得到提升;而到社会动荡之时,人们往往轻蔑孔子,鄙视儒学,诋毁中国传统文化。几千年的中国历史一直在不断地证明这一点。汉朝初年的叔孙通说:"夫儒者,难与进取,可与守成。"叔孙通所说的"进取",指"蒙矢石争天下",他所谓"难与进取",并不是不可以发展社会,而是指儒者难以攻敌斩将、夺旗易帜;他所说的儒者"守成",自然也与后人所说儒学"顽固""保守"有一定区别。人们都知道,儒学不仅是治世之学和"修己安人"之学,也是一种"守成"之学。

不可否认,叔孙通看中的主要是儒家的礼学。但我们首先必须明确的是,与原始儒学相比,汉代儒学已经发生了重要变化,不仅汉朝的儒者能够"知时变""识时务",而且儒学也已与政治相结合了,由先秦时期的地域学术上升为官方的主流学术。从此，儒学与中国社会结下了不解之缘。

儒学与中国社会历史文化的关系如此密切，那么，它对推动中国社会发展起到了怎样的作用呢？对此，人们思考了很多。特别是近代以来，由于中国门户的洞开，西方文化传入中国，使人们的思考进一步深化。我们曾说，中国国力的变化决定了孔子文化影响力的大小，近代以来，中国落后挨打，不少人迁怒于中国的传统文化，从而强化、放大了人们对传统文化负面影响的认识。而今，我们觉察到了这种认识的偏颇，因而可以冷静、清醒地认识孔子与儒学。

儒学已经走过了两千五百年的发展历程，更重要的是，近代以来中国与世界的正面接触、中国文化与西方文化的直面对话，整个20世纪各种思想潮流的相互激荡和碰撞，使得我们能够以正确的态度对待孔子。反思这样一个过程，我们经历了艰辛探索的苦闷，在积累了大量丰富经验的同时，也获取了一系列重大教训。而今，不少国人的共识是，在当代中国，在当今世界，孔子文化应当发挥更大的作用。

和谐社会是法治社会，离不开法律的支持和法制的支撑；和谐社会是平等社会，是人人都得到敬重的社会，人们之间要诚信与礼让；和谐社会是可持续发展社会，需要人们对他人、对自然的自觉仁爱意识，需要对客观

规律的自觉探索与尊重。归根到底,这些都需要进行道德重建,应当依凭孔子的人文教化,树立人民的共同信仰,使全社会共同承担社会责任。历史发展表明,民族复兴的动力存在于民族文化之中,文化要复兴,必须到民族文化中去发掘"内力"。或者说,孔子文化中有我们最基本的价值支撑,要建立人民的共同信仰,就必须重视孔子儒学与传统文化。

二、扎根数千年文化,筑牢价值观基础

2013年11月26日,习近平总书记到孔子故里——曲阜,视察孔府和孔子研究院,亲近中华传统文化典籍,主持举行座谈会,发出重视传统文化的重要信息,由此,中国开始坚定而自信地立足于中华优秀传统文化,培育和弘扬社会主义核心价值观,开启了从实质意义上构建时代新文化和建设文化强国的步伐。此后,习近平总书记发表了一系列重要讲话,表达了构建思想文化强国的使命担当。习总书记的论述深深植根于中华数千年的传统思想文化中,对坚固地构筑中华民族价值观基础意义重大。

（一）道以明德,德以尊道——构建核心价值观的意义

学习习近平总书记的讲话,给人的突出感觉和深刻印象就是对文化的重视。2013年11月下旬,习总书记视察山东时明确指出:"古往今来,一个国家、一个民族的强盛,总是以文化兴盛为支撑的,中华民族伟大复兴同样需要以中华文化繁荣发展为条件。"

十八大以来,习近平总书记对文化建设做出一系列论述,几乎每次重要场合都说到文化问题。例如,2013年8月19日全国宣传思想工作会议、2013年11月26日视察孔子研究院座谈会、2014年9月24日国际儒学联合会纪念孔子诞辰2565周年国际学术研讨会、2014年10月15日文艺工作座谈会等,习总书记都系统论述了文化问题,形成了完整的文化建设理论体系,彰显了鲜明的文化观念及特色。

在习近平总书记的文化思想中,处处表现出对传承与弘扬中华优秀传统文化的理性认识和充分尊重,体现着传承与弘扬中华民族精神的使命担当。习总书记从历史发展与时代高度上认识中华传统文化的丰富内涵与精神实质,全方位、系统性地阐述传统文化的巨大贡献,提出了传承和弘扬中华优秀传统文化的战略要求与努力方向,对澄清模糊认识,纠正片面看法,正本清源地

理解传统文化,科学地继承传统文化,都具有重要的现实意义。

在近代以来中国社会长期动荡以及进行中国特色社会主义道路探索的特殊历史背景下,习近平总书记对传统文化的态度尤其具有特殊意义。人们有理由相信,中国能发挥自己特殊深厚文化资源的作用,真正继承和发扬优秀传统文化,支持和引导在继承基础上的创新,让中华文化的成果苏醒过来,让过去优秀的、具有当代价值的文化"活起来",从而焕发生机,在弘扬核心价值观方面做出贡献。

在视察孔子研究院的座谈会上,习总书记谈到,马克思主义的中国化是从毛泽东同志开始的。在中国共产党六届六中全会上所作的《论新阶段》的政治报告中,毛泽东同志指出:"今天的中国是历史的中国的一个发展;我们是马克思主义的历史主义者,我们不应当割断历史。从孔夫子到孙中山,我们应当给以总结,承继这一份珍贵的遗产。"习近平总书记的讲话往往引用很多孔子的话,这是因为,经过两千多年的检验,这些传世的至理名言,其思想价值可以看得更清楚了。历史上尊孔、反孔、贬孔的很多,争辩很多,但现在不同了,我们看得很清楚了,对孔子的精华思想形成了共识。

在国际儒联"纪念孔子诞辰 2565 周年国际学术研讨会"上,习近平总书记又谈道:孔子创立的儒家学说以及在此基础上发展起来的儒家思想,对中华文明产生了深刻影响,是中国传统文化的重要组成部分。孔子思想儒家学说蕴含着传统中国的价值观、是非观、荣辱观等,对中国文化的方方面面都发挥着影响与支配作用。

社会主义核心价值观与优秀传统文化联系非常密切。所谓"孔孟之道""先王之道",其中的"道",说到底是价值体系层面的东西。孔子认为,他所处的那个时代"礼坏乐崩","天下无道",这就像我们今天所说的"价值观混乱","是非观扭曲"。据《孔子家语·王言解》记载,孔子说:"夫道者,所以明德也;德者,所以尊道也。是以非德,道不尊;非道,德不明。""道"是来"明德"的。有了正确的价值观,便具备了"德"的前提。有正确的价值观在,德行好坏便有了标准,就能得到检验。

中国传统的价值观念十分重要。孔子曾说:"虽有国之良马,不以其道服乘之,不可以道里。"(《孔子家语·王言解》)就是说,再好的工具,如果不能够正确运用、管理它,也不能发挥应有的作用。孔子还说:"虽有博地众民,不以其道治之,不可以致霸王。"(同上)一个国家地大物博,百姓众多,但如果没有共同信仰,没有共同的核心价值观,结果将会一团糟,国家也不可能强盛起来。如果没有"道",没有正气,就没有一切。

时间虽然过去了两千五百年,但孔子的这个论述仍然具有振聋发聩的作用。中国拥有幅员辽阔的国土,是

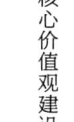

一个拥有十几亿人口的大国,只有我们具有共同的价值信仰、是非观念,同好恶、共进退,同心同德,上下一致,中华民族才能真正自立于世界民族之林。习总书记说:"人类社会发展的历史表明,对一个民族、一个国家来说,最持久、最深层的力量是全社会共同认可的核心价值观","如果一个民族、一个国家没有共同的核心价值观,莫衷一是,行无所依,那这个民族、这个国家就无法前进"。①继承和弘扬中华优秀传统文化,大力构建社会主义核心价值体系的意义重大。

(二)政者正也,正身修己——抓住价值体系建立的关键

在习近平总书记治国理政的理论与实践中,他特别注重党风廉政建设,强调领导干部的榜样与示范作用。他多次引用孔子"为政以德""政者,正也"等有关言论,在2013年1月22日第十八届中央纪律检查委员会第二次全体会议上,他引用东汉荀悦《申鉴》中的话:"善禁者,先禁其身而后人。"同样是强调各级领导干部要率先垂范,以身作则。他严肃指出:要坚定不移地惩治腐败,要坚持"老虎""苍蝇"一起打,既坚决查处领导干部违法违纪案件,要切实解决发生在群众身边的不正之风和腐败问题。在此次会议上,习总书记还响亮地提出,要把权力关进制度的笼子里。所有这些,都与儒家的管

---

① 参见习近平《青年要自觉践行社会主义核心价值观——在北京大学师生座谈会上的讲话》,新华网,2014年5月5日。

理学说深度契合、高度一致。

儒家学说也是一种管理哲学,在强调"为国以礼"的同时,十分强调"为政以德",尤其注重社会管理者的德行。以孔子学说为核心内涵的优秀传统文化对政德教育、党风廉政建设有重要意义。《孔子家语·五刑》篇记孔子的话说:"凡治君子,以礼御其心,所以属以廉耻之节也。"这里所说的"君子",其本义是对为政者和贵族男子的通称,指地位高的人,后来引申指人格高尚的人。

所谓"君子",作为一个概念,从其本义与引申义间的联系,就可看出其对理解孔子思想的价值。为什么"地位高"就要"道德好"?道理很简单:因为责任大,所以要求高;既然是"尊贵的人",就应该是"高尚的人"。因此,这就要求为政者在内心里必须对自己有一个"高尚"的要求,这就是君子的自律。早期儒家就是在这样的认识逻辑上形成了他们的管理学说。

在早期典籍中,"君子"作为"为政者""管理者"的意涵常常被使用。如我们常常引用《论语·颜渊》中孔子的那句话:"君子之德风,小人之德草,草上之风,必偃。"强调为政者的表率作用,强调"为政以德"需要"以身作则";《孔子家语·入官》记载孔子之言说:"君子莅民,不可以不知民之性而达诸民之情。既知其性,又习其情,然后民乃从命矣。……君子莅民,不临以高,不导

以远,不责民之所不为,不强民之所不能。"所有这些都是对治国为政者"知民""重民"与"亲民"的要求。

《孔子家语·执辔》篇记孔子弟子向孔子请教如何"为政"的问题。孔子开门见山,说要"以德以法",十分引人瞩目。他说:"德法者,御民之具。"把"德法"看成治国的根本。中国传统的"礼"内涵极其丰富,"礼"其实就是今天"德"与"法"的有机统一。孔子这里所说的"德法"其实就是"礼",实际上也是"德政"与"法治"的有机统一。这里的"法"是"礼法"之"法",有法则、法度和内在机理之意,与今天所说的"法制"有联系也有区别,故孔子将"德法"与"刑辟"对举。孔子是德治论者,但他从不排斥法制。他主张"德主刑辅",强调"为政以德",所以他说:"政者,正也","其身正,不令而行。其身不正,虽令不从"。这些都是说为政者要正身修己,正其德,保其民。

在《孔子家语·执辔》中,孔子谈到古代的"以六官总治"的情形。所谓"六官"即《周礼》的冢宰、司徒、宗伯、司马、司寇、司空,分别被称为天官、地官、春官、夏官、秋官、冬官。按照孔子的论述,古代圣王治天下,重点在于六官,乃以六官为治。而在六官之中,天官冢宰、地官司徒对于"道""德"建设最为关键,所以国家"立天官冢宰,使帅其属而掌邦治,以经邦国,以治官府,以纪万民";"立地官司徒,使帅其属而掌邦教,以安邦国,以教官府,以扰万民"。"以之道,则国治","以之德,则国安"。

值得特别注意的是,从官职功能的角度,孔子讲"冢宰之官以成道""司徒之官以成德"。天下的"道"成于冢宰,天下的"德"与司徒关系更大。如果天下无"道"就要整饬吏治,社会失"德"就要加强教化。孔子又说:"官属不理,分职不明,法政不一,百官失纪,曰乱。乱则饬冢宰","地而不殖,财物不蕃,万民饥寒,教训不行,风俗淫僻,人民流散,曰危。危则饬司徒"。可见,在孔子的国家管理思想中,冢宰是社会价值体系建设的关键。

以冢宰治百官以成道,加强对官吏的管理,具有重要意义。孔子将治国与驾车作比,称"御天下"的关键在于六官,六官就像驾车的缰绳。孔子说:"六官在手以为辔,司会均仁以为纳,故曰:御四马者执六辔,御天下者正六官。"又说,"善御马者,正身以总辔……天子以内史为左右手,以六官为辔,已而与三公为执六官,均五教,齐五法,故亦惟其所引,无不如志。"管理好各个职官,就要加强对官吏的监督、考核与调整,即所谓"季冬正法,孟春论吏","以季冬考德正法,以观治乱","以孟春论吏之德及功能",如此细致地、制度化地考论管理官吏,便可以达到"御者至千里"的目的,可以坐庙堂之上而知天下之治乱。

孔子明确地说"冢宰之官以成道""司徒之官以成德"。在《周礼》中,"冢宰"被称为"天官","司徒"被称为"地官",颇耐人寻味。在古代思想体系中,社会政治管理属于"人道",人处在天、地之间,"人道"要效法天、地之道。"天道"刚健有为,"地道"厚德包容。冢宰之官成就"道"需要刚健不息,这使我们不禁想起习近平总书记在十八届四中全会上关于"奉法者必强"的论述,他引用《韩非子·有度》中的话说:"奉法者强则国强,奉法者弱则国弱。"所谓"奉法者",其实也就是"冢宰之官",特别是"治官之官",他们尤其不能缺乏刚健有为的精神。显然,我国要构建核心价值体系,要依法治国,依法行政,作为司法主体的各级领导自身的"强"格外重要。由此来看,今天我国坚持不懈地狠抓党风廉政建设,可谓抓住了根本,抓住了要害!

(三)以德兴国、以德立人——从数千年文化中汲取营养

2013年11月下旬,习近平总书记视察山东时说:"国无德不兴,人无德不立。社会主义文化建设的一个基础性工作,就是加强社会公德、职业道德、家庭美德、个人品德教育,全面提高公民道德素质。我们正在建设社会主义核心价值体系,培育和弘扬核心价值观,就是要加强思想道德建设,在全社会形成良好道德规范、树

立崇高道德理想,教育引导人们向往和追求讲道德、尊道德、守道德的生活,形成向上的力量、向善的力量。"

习近平总书记指出:在经济社会快速发展的进程中,我们也遇到了一些"成长的烦恼",其中就包括一些社会道德严重失范问题,必须引起高度重视。道德建设,知之不难、行之不易,重要的是要激发人们形成善良的道德意愿、道德情感,培育正确的道德判断和道德责任,提高道德实践能力尤其是自觉践行能力。

孔子学说与儒家思想,其核心在于让人自觉修身,自觉遵守社会规范。也就是说,怎样做人,或者说"人之为人"的问题,早期儒家十分关注。儒家讲"人禽之辨",这是他们学说的逻辑起点。人是"自然的人",同时还是"社会的人",人必须考虑、处理好与他人的关系,处理好与社会、与国家乃至与自然的关系,说到底,就是做人要有修养、有教养、有德行。做人的问题解决了,社会、国家的很多问题就迎刃而解。不论说什么,不论做什么,都应根据社会角色而尽其职分。儒家的"正名"主张就是如此。

我们今天强调个人修身养性,应当注意激发公民增强自身思想道德素质的自主性、自律性。习总书记希望在这样的基础上,家庭、学校、单位、社会都要承担好自己的责任。那么,在德行培养的过程中,我们必须从孔子儒学与传统文化中汲取营养。20 世纪 20 年代,历史

学家柳诒徵先生反思"近世之病源",深刻指出:"今日社会国家的重要问题,不在于信不信孔子,而在于成人不成人。那些破坏社会国家者,皆不成人者之所为也。"这些人不具备成人内涵,或者他们的作为"非人",要改变这种情况,要建设新社会、新国家,"必须先使人人知所以为人",就是要使人人知道如何做人。特别值得注意的是,柳诒徵先生接着说:"而讲明为人之道,莫孔子之教若矣。"①要解决"人之为人"的问题,离开孔子之教,离开传统文化,是做不到的。这些话虽然过去了九十多年,但今天看来仍有意义。

在2014年9月24日国际儒联"纪念孔子2565周年国际学术研讨会"上,习总书记指出,孔子创立的儒家学说以及在此基础上发展起来的儒家思想,对中华文明产生了深刻影响。儒家思想记载了中华民族自古以来在建设家园的奋斗中开展的精神活动、进行的理性思维、创造的文化成果,反映了中华民族的精神追求,是中华民族生生不息、发展壮大的重要滋养。因此,习总书记强调儒家思想"对中华文明形成并延续发展几千年"的价值与意义,要解决今天"成长的烦恼",解决"道德失范问题",首先要解决最基本的做人问题,解决"人之所以为人"的问题,因此要高度重视孔子学说和儒家思想。

我们今天进行的是中国特色社会主义建设,"中国

① 柳诒徵:《论中国近世之病源》,《学衡》1922年第3期。

特色"的关键是"中国",习总书记说,今天的中国是历史的中国的延续,我们要"讲好中国的故事"。因为中国特色社会主义植根于中华文化沃土,反映中国人民意愿,适应中国和时代发展进步要求,有着深厚历史渊源和广泛现实基础。事实上,传统文化滋养着今天的社会主义核心价值观,二者在文化体系的角度高度一致。比如"仁",实际就是仁爱,就是爱心;没有爱心,爱国、敬业、诚信、友善等便无从谈起。比如"义",所谓"义者,事之宜也"。事情应当这样做,我这样去做了,就是义。义有"正义""公正"的意思。正义是对于人社会性的要求,是社会伦理中的责任担当,它是天下和谐、和顺的前提。

个人层面的核心价值观与传统文化高度一致,只要按照传统价值观念的要求去做,人与人之间的关系就好办了。就国家层面而言,我们之所以是中国人,就是因为我们有自己的民族文化,我们热爱自己的国家,就要热爱自己的民族、热爱自己民族的历史文化,对民族文化抱有"温情与敬意"。所以,传统文化最能解决"滋养"社会主义核心价值观的问题。

从孔子时代至今,虽然已经过去了两千五百年,中国社会也发生了很大变化,但中国传统文化中的许多价值观念依然是我们的立足点,并且成为中华儿女的生命底色,是中华民族最深沉的精神追求。这些价值观念,

主要就是仁、义、礼、智、信"五常"或者孝、悌、忠、信、礼、义、廉、耻"八德"等。

以儒家思想为代表的中华优秀传统文化的意义在于思索人性与人的价值,它要求每一个社会的人明理修身,循道而行。比如,每个人都要孝敬父母,这是"人之为人"最基本的要求。在"亲亲"的基础上"推己及人",还要"泛爱众""仁厚及于鸟兽",这就是推衍亲情,放大善性,这样我们的社会主义中国才有希望。

习近平总书记说:"国无德不兴,人无德不立。"这句话内涵十分丰富。它看起来只是说国家和个人,说国家无德难兴旺,个人无德难立身,实际突出了"德"的重要性。它包含了由大而小、从整体到个体的许多方面,涵盖了诸如"企无德不盛""家无德不旺"等许多意涵,警醒无论任何集体和个人都不可无"德",不可失"德"。理解到这个层面,今天的道德建设才会更有成效,才可以形成向上、向善的力量,传统文化的时代价值才能更好地彰显出来。

(四)扣好人生第一粒扣子——放眼民族兴盛的百年大计

习近平总书记十分重视意识形态工作,他说:"经济建设是党的中心工作,意识形态工作是党的一项极端重要的工作。"他还说:"要加强社会主义核心价值体系建设,积极培育和践行社会主义核心价值观,全面提高公民道德素质,培育知荣辱、讲正气、作奉献、促和谐的良好风尚。"[1]价值体系的建立,公民价值观的培养,直接关系到"两个一百年"奋斗目标和中华民族伟大复兴中国梦的实现,中国梦的实现要有中华美德与时代风尚作为支撑。

如前所述,社会问题的根本在于人心,在于人人"成人",而人之"成人"必须"适时而教",必须抓住并遵循人的成长规律。习近平总书记十分重视青少年的教育,重视青少年价值观的养成。2014年五四青年节那天,习总书记视察北京大学,举行师生座谈会,希望青年自觉践行社会主义核心价值观;六一儿童节前夕,习总书记来到北京海淀区民族小学,举行座谈会,他谆谆告诫:"少年儿童是祖国的未来,是中华民族的希望。"所以,他殷切希望孩子们从小积极培育和践行社会主义核心价值观。2014年教师节前夕,习总书记又到北京师范大学视察,他还对中小学教材中删除中国古典诗文的"去中国化"做法进行批评。"少年强则中国强","青年的价值取向决定了未来整个社会的价值取向,而青年又处在价值观形成与确立的时期",因此,习总书记形象地比喻说:"这就像穿衣服扣扣子一样,如果第一粒扣子扣错了,剩余的扣子都会错。人生的扣子从一开始就要扣好。"

[1] 参见习近平在全国宣传思想工作会议上的讲话,新华网,2013年8月20日。

怎样扣好第一粒"人生的扣子"？习总书记谈到了勤学、修德，谈到了明辨、笃实等中华美德，谈到了传统的"大学之道"，这是因为它们可以给今人很深的启迪。

所谓"大学之道"，其实就是"为人之道"或"成人之道"，这是孔子、儒家思想的核心关切。《孔子家语·弟子行》记载说："孔子之施教也，先之以诗、书，而道之以孝悌，说之以仁义，观之以礼乐，然后成之以文德。"孔子弟子所受的教育正是如此。至迟自周代以来，中国已经形成了对社会民众的教化系统，中国源远流长的教化系统正是围绕"讲明为人之道"这个中心而展开。

周代的教育有"小子之学"，有"大人之学"。"小子之学"是教儿童的，孩子们学习"洒扫、应对、进退之节，礼、乐、射、御、书、数之文"。"大人之学"就是"成人"教育。到十五岁左右，也就是"束脩"的年龄，开始进行"大学"教育。孔子说："自行束脩以上，吾未尝无诲也。"（《论语·述而》）很多人说，孔子所说的"束脩"乃是学费。也许古代弟子拜老师，为表示尊敬，可能有一定的贽见礼，但孔子这里强调的一定是年龄。"束脩"即"束发修饰"。孔子说，十五岁以上的孩子来学，没有不加以教诲的，这正是"有教无类"。在"大学"阶段，教他们"穷理正心、修己安人之道"，开始学习修身、齐家、治国、平天下。穷理，就是了解社会，了解人生，也包括天地自然的道理，"正心"即端正人心。修、齐、治、平以修身为基础,首先就是做人。

《大戴礼记·保傅》说,"小学"所学为"小艺""小节",十五岁之后"束发而就大学",开始"学大艺、履大节"。"大学"被称为"大艺""大节",恰恰说明穷理正心、修己安人的教育的重要性,说明中华民族历来重视修身做人,"人之所以为人"的成人教育。《大学》开篇说:"大学之道,在明明德,在新民,在止于至善。""明明德"就是发扬与放大人的善性。因为人有恻隐之心,还有羞恶之心、辞让之心、是非之心,这是仁、义、礼、智之"端",放大这些善性,使人成为更完善的人,人格便逐渐完备起来。

古代的礼义教育同样属于人文教化系统。例如男子的"冠礼",这是他们的成人礼。《礼记·冠义》说:"人之所以为人者,礼义也。"冠礼的礼义在于人具备人的内涵,所以,"礼义之始,在于正容体,齐颜色,顺辞令"。前段时间开展的"群众路线教育",要求领导干部"正衣冠""照镜子"……所谓"正容体"就是"正衣冠",就是做人做事端正,所作所为符合领导干部的要求。"照镜子"就是要反思、反省一下自己,看看做得如何。人是一个"自然人",但人同时也是一个"社会人",人之为人,最重要的是具备人的内涵。懂得礼义,懂得自己是一个社会的人,处理好与他人、集体、社会、国家的关系。这些关系处理得越好,人的境界就越高。

中国古代重视"成人"教育，一个重要的原则就是"适时而教"，《礼记·学记》说："时过而后教，则勤苦而难成。"传统的成人礼也是一种非常郑重的仪式。举行成人礼，是为了"弃尔幼志，顺尔成德"（《仪礼·士冠礼》），使自己抛弃孩子气，把成人之"德"加以固定、充实、丰满。举行冠礼后，才可以进入成人社会，承担起应有的家庭责任和社会义务。《国语·晋语六》说："戒之，此谓成人。"还说："成人在始与善，始与善，善进善，不善蔑由至矣；始与不善，不善进不善，善亦蔑由至矣。"

成人的标志是什么？《左传》昭公二十五年说："人之能自曲直以赴礼者，谓之成人。""自曲直"而知"礼"，才算成人，知道了自己什么时候路走弯了，知道怎么修正自己的行为。冠礼对于青少年的教育很重要，因为这是人生关键时期，是培养世界观、是非观、荣辱观的最佳时期，"成人"教育实际是关于人生观、价值观的教育。中国历来重视青少年教育，习总书记特别关心青少年的价值观培育，关心他们的健康成长，乃着眼于中华民族发展的根本！

三、中国儒学与传统的廉政思维

儒家的学说是关于社会管理的学说,儒家追求社会成员的共同利益,追求整个社会的和谐发展。孔子向往圣王之治,在他的心目中,所谓王道政治,指的是政治上谨礼著义,刑仁讲让。孔子认为,礼的特点在于"达天道,顺人情",对于端正人心、整顿社会都具有重要的价值。他曾经描绘出了一个顺应天理人情、循礼而行的"大顺"境界,要达至这样的境界,就需要社会上每个成员尤其是社会的管理人员自觉顺应天理、端正人心,有一种循礼而动的高度自觉,显然,儒学对于今天的廉政建设极具启发意义。

(一)"文武之政"与"纠察"

儒家思想是在继承上古三代思想文化遗产的基础上形成的。孔子常常谈论"周道",向往文武周公之治。周初,周代的政治家整理夏商以来的历史文化遗产,制礼作乐,建立了一整套社会管理机制,其中就包括较为完备的对于官吏的管理与考课制度。

在《周礼·天官·冢宰》中,记载了"小宰"的职掌,其中说:"小宰之职,掌建邦之宫刑,以治王宫之政令,凡宫之纠禁。"郑玄注"建邦之宫刑"说:"在王宫中者之刑。建,明布告之。"所谓在王宫中者,其实就是指在王宫中办公的官吏及有关人员。纠禁,就像后来的御史中丞负责纠察,"纠以察其隐慝,禁以止其邪辟"。所以,小宰的职责就是"纠察",就是"止邪",负责建立有关王宫中官吏的刑罚,施行王宫中的政令,纠察一切违反王宫禁令者。

作为管理官员的职掌,小宰负责的项目较多,他们要负责正群吏、举邦治、辨邦治、合邦治、经邦治等,还要负责政治的清明廉正。在《周礼》中的《太宰》八法中有所谓"官计","官计"在于"以弊邦治",即评断邦治,对邦国的政治做出评断。其实就相当于今天的政绩考核。

在小宰的具体职掌中,就有"以听官府之六计,弊群吏之治",即用公平治理官府的六项评断官吏的标准,辅佐太宰评断吏治。这六项标准是:"一曰廉善,二曰廉能,三曰廉敬,四曰廉正,五曰廉法,六曰廉辨。"就是廉洁而又能够做好工作,廉洁而又能够推行政令,廉洁而又能够勤勉努力,廉洁而又能够处事公正,廉洁而又能够执法无误,廉洁而又能够明辨是非。显然,廉政的内容是广泛的,它并不仅仅是经济上的清正廉洁。

孔子常常谈到"周政",向往"郁郁乎文哉"的西周政治,所以《礼记·中庸》说孔子"宪章文武",孔子的弟子子贡说孔子学修"文武之道"(《论语·子张》)。孔子之时,周朝典章尚在,故孔子本人曾说:"文武之政,布在方策。"(《礼记·中庸》)经过研究,我们认为《逸周书》中的不少篇章应该就是西周时期流传下来的重要文献,孔子等人不仅能够看到这些文献,而且十分重视这些文献。他们修习这些文献,对于儒家学说的形成起到了关键作用。

周政十分注意观察人的行为,从而为政治治理奠定基础。笔者曾经撰写《〈逸周书·宝典〉篇与儒家思想》[①]一文,谈到了孔子和早期儒家思想与《逸周书·宝典》篇之间的关联,其中就有周武王与周公谈论相关问题的记载。

《宝典》为武王告周公以仁德为宝而作,此篇应该属于武王之政的重要典籍,对周朝政治影响很大。它通过武王与周公的对话,讲述了所谓"四位""九德",讲述了所谓"十干""十散",还讲述了所谓"三信"。这些内容涉及王者修身、择人、敬谋、慎言的原则,重点讲信、义、仁,而其落脚点在"仁"。

《宝典》中说:"何择非人,人有十干。"所谓"十干"是指:一、穷□(居)干静;二、酒(洒)行干理;三、辩惠干知;四、移(侈)洁干清;五、死勇干武;六、展允干信;七、比誉干让;八、阿众干名;九、专愚干果;十、愎孤干贞。

① 载于黄怀信、李景明主编:《儒家文献研究》,济南:齐鲁书社,2004年。又载于《现代哲学》2005年第3期。

显然身居于俭约者未必甘心于俭约,只是外趋于清静之名;洒行以自表现,饰外以欺世,以求方正有道之名;本来没有什么高深知识,却恃辩言小慧以求智者之名;矫为廉洁以求清誉;原本没有武略,却勇于赴敌,虽死无悔,欲侥幸以求武功;没有真正的孚民之信,而处处显示自己的信,只是为了得到信的名声;违背正道以求得声誉,却推让于人,只是为求得让的名声;阿谀逢迎众人,以得名于世;无决断之才,而专擅自用其愚,希望得到果断之名;性情孤僻而孑然独居,却以孤高自命,以求得坚贞之名。

这里所说的"十干"都是不诚之行。其中的各项都关乎做人的问题,其中说到"移(侈)沽干清",就与廉政有关,因为矫为廉洁以求清誉的人未必真正廉洁。这里所说其实与"九德"是相通的,德行的修养要求人们诚信,类似"十干"等等沽名钓誉的行为与"九德"是格格不入的,在拣选人才时,应当密切注意这种行为,否则,就很难选取到真正的具有良好品质的人才。

在《宝典》所说的"十干"中,静、理、知、清、武、信、让、名、果、贞均为君子所追求的,但是,求得这些美好的名誉应当依靠切实的行动。在后世儒者看来,人只有名实相符,才符合君子品格的要求。在新发现公布的上海博物馆馆藏战国楚竹书《从政》篇中记有孔子的话:"行在己而名在人,名难争也。……是故君子强行,以待名之至也。"《论语·卫灵公》也记孔子的话说："君子疾没世而名不称焉。"但《礼记·表记》记孔子之言又说："先王……耻名之浮于行也。"《孝经》中也说："行成于内，而名立于后世矣。"孔子强调"行"，主张以行得名，反对单纯追逐虚誉。廉政建设更要如此。

在《宝典》中还说到"三信"："一、春生夏长无私，民乃不迷；二、秋落冬杀有常，政乃盛行；三、人治百物，物德其德，是谓信极。而其余也，信既极矣。嗜欲口在，在不知义，欲在美好，有义，是谓生宝。"信，即诚信，即诚实无欺，它也是一个道德概念。《宝典》中说道："言有三信。信以生宝，宝以贵物，物周为器。"就是说言语诚信可以视为国家的宝物，所谓宝物乃是由于物品的可贵，而物品是可以被广泛使用的。治理国家的人，最重要的是要以"信"为"器"。为政治国的人，一定要以诚信行事，养生殖财就像春生夏长那样公正无私，百姓就不会迷惑；赏善罚恶就像秋落冬杀那样有一定之规，政教才能通行；尽人之性以尽物性，了解人与物的性情，使人与物各得其所，这样人们都能感君之德。其中有很多值得今人思考的内容。我们应当了解人们追求利益的本能，了解人们追求利益的正当要求，认真考虑人们的这种需要，进行恰当的赏善罚恶。了解情性，尽人之性，让社会上所有的人各得其所，以使政教通行。

（二）孔子谈"正法"与"论吏"

孔子与儒家的思想学说是社会管理的学说,他们十分关注整个社会管理系统的良好运行。在继承前代思想成果的基础上,孔子的政治思想得以丰富、发展和提高。孔子思考社会的治乱问题,始终把思索的重点放在社会的管理者身上,放在"为政"者的身上。

孔子十分推崇《周礼》的管理系统,据《孔子家语·执辔》篇的记载,孔子说:"古之御天下者,以六官总治焉:冢宰之官以成道,司徒之官以成德,宗伯之官以成仁,司马之官以成圣,司寇之官以成义,司空之官以成礼。六官在手以为辔,司会均仁以为纳,故曰:御四马者执六辔,御天下者正六官。"根据我们的研究,孔子这里所说与《周礼》的记载完全吻合,长期以来以为《周礼》成书很晚或者认为不可靠的观点是错误的。[①]

《周礼》的六官系统中,天子应当特重官员之治,就像驾车要重视"执六辔"那样,治国应重视"正六官"。孔子认为,古代统治天下的人,以六官全面负责治理:设置冢宰官职以成就道义,设置司徒官职以成就德行,设置宗伯官职以成就仁爱,设置司马官职以成就圣明,设置司寇官职以成就道义,设置司空官职以成就礼仪。把六官掌握在手就如同握住了缰绳,司会实行仁义以作为

[①] 杨朝明:《〈孔子家语·执辔〉篇与孔子的治国思想》,《中国文献学丛刊》第1辑,国际炎黄文化出版社,2003年;收入杨朝明:《儒家文献与早期儒学研究》,济南:齐鲁书社,2002年。

总缆,所以说驾驭马车的人要掌握好六条缰绳,治理天下的人要端正六官。

当然,孔子所强调的是引导官员,希望行为端正,这是治理国家的根本,所谓"正六官",就是抓官吏之治。孔子将治国与驾车作比,在他看来,擅长驾驭马车的人端正自己的身体,握住缰绳,平均马的气力,与马的心志保持一致,无论怎样走动、奔跑,都可以随心所欲,到达既定的目标,这是圣人用来统治天下和人事的法则。天子把内史作为左右手,把六官作为治理天下的缰绳,再和三公共同执掌六官,施行五教,整治五法。所以只要是君王想要引导的,没有不如愿的,用道义引导则会使国家稳定,用德行引导则会使国家安宁,用仁爱引导则会使国家和平,用圣明引导则会使国家太平,用礼仪引导则会使国家安定,用仁义引导则会使国家正义,这是驾驭政治的方法。

对待官吏的过失应当有科学的态度。孔子说:"过失,人之情莫不有焉,过而改之,是为不过。"过错和失误,就为人的情理来说,是不可避免的,有了过错而能改正,这就如同没有过错。为了最大限度地避免过错和失误,就应当明白进退缓急,对出现的问题及时纠正,以免酿成大错。所以同样是驾驭车马,有的能行至千里之外,有的连几百里也走不了,这是由于在进退缓急上的处理方法不同;治理天下的人同样用法制,有的实现了

天下的太平,有的却导致了天下的混乱,这也是由于在进退缓急上的处理方法不同。这正是孔子所说的:"故御者同是车马,或以取千里,或不及数百里,其所谓进退缓急异也;夫治者同是官法,或以致平,或以致乱者,亦其所以为进退缓急异也。"

如何防患于未然?孔子说:"官属不理,分职不明,法政不一,百事失纪曰乱,乱则饬冢宰;地而不殖,财物不蕃,万民饥寒,教训不行,风俗淫僻,人民流散曰危,危则饬司徒;父子不亲,长幼失序,君臣上下乖离异志曰不和,不和则饬宗伯;贤能而失官爵,功劳而失赏禄,士卒疾怨,兵弱不用曰不平,不平则饬司马;刑罚暴乱,奸邪不胜曰不义,不义则饬司寇;度量不审,举事失理,都鄙不修,财物失所曰贫,贫则饬司空。"

这里讲的是杜绝政令出现问题的方法,其落脚点在治理官吏。意思是官吏的归属没有条理,职分不明确,法令、政教不一致,各种事情没有头绪,这称作混乱,出现了混乱就应该告诫冢宰;土地得不到耕种,财物得不到增置,百姓饥饿寒冷,教化、训令得不到推行,风俗放纵而又邪恶,百姓流离失所,这称作危险,出现了危险就应该告诫司徒;父子不相亲爱,长幼不讲次序,君臣上下相互抵触、离心离德,这称作不和,出现了不和就应该告诫宗伯;贤能的人却失掉了官职和爵位,有了功劳却得不到赏赐和俸禄,士卒怨恨,军队弱小而不堪使用,这称作不平,出现了不平就应该告诫司马;刑罚残暴混乱,奸邪行为屡禁不止,这称作不义,出现了不义就应该告诫司寇;度量标准得不到申明,办事没有条理,都城及边邑得不到修整,财物无法得到,这称作贫困,出现了贫困就应该告诫司空。

孔子对周人的官吏考课制度非常赞赏,他说:"古者,天子常以季冬考德正法,以观治乱:德盛者治也,德薄者乱也。故天子考德,则天下之治乱,可坐庙堂之上而知之。夫德盛则法修,德不盛则饬法,与政咸德而不衰。故曰:王者又以孟春论之德及功能,能德法者为有德,能行德法者为有行,能成德法者为有功,能治德法者为有智。故天子论吏而德法行,事治而功成。夫季冬正法,孟春论吏,治国之要。"这是说,考察官吏有重点,这就是德行;考察官吏有定时,这就是每年的季冬和孟春。

值得重视的是,对官吏的考察不是简单的鉴定,不是简单的对违纪者的处置,而是强化德行,推行德政,以使政令畅通,社会发展。所以说,在冬季的最后一个月整顿法制,在春季的头一个月考论官吏,这是治理国家的关键。

这里包括的是"季冬正法""孟春论吏"两项内容:

第一,天子经常在冬季的最后一个月考察德行,端正法令,来了解天下治理得太平还是混乱:德行兴盛则天下太平,德行不兴盛则天下混乱。所以天子考察德

行,那么天下治理得太平还是混乱,坐在朝廷之上就能够明了。德行兴盛法令就得到了修饬,德行不兴盛就要整顿法制,使它与政教都合于德行而不衰败。

第二,天子又在春季的第一个月考论官吏的德行及功劳、能力,对能够注重德行与礼法的人就认为有道德,对能够实践德行与礼法的人就认为有品行,对能够成就德行与礼法的人就认为有功德,对能够研治德行与礼法的人就认为有智慧。所以天子考论官吏,以使德行与礼法得到实施,使各种事务处理得好,为优秀标准。

(三)正身修教与"廉平"

孔子儒学是关于修身的学问,更是关于社会教化的学问。孔子的礼学,其内容在于社会的秩序,而孔子的仁学毫无疑问是为礼而阐发的,其"为仁"的目的在于"复礼"。孔子说:"人而不仁,如礼何?人而不仁,如乐何?"(《论语·八佾》)孔子谈论"仁",是希望人人都自觉遵守礼的规定,以使天下有道。

儒家重视"仁"。与我们常常看到的"仁"字从人从二不同,古文"仁"字从身从心,上下结构。"仁"从人从二并不是它的最初意义,《说文解字》在解释"仁"的时候说:"忎,古文仁从千心。䇐,古文仁或从尸。"《说文解字》的这一说法告诉我们,汉代以前"仁"字的写法与今天有所不同。20世纪90年代发现的战国时期的郭店楚简的"仁"有六十五个,都是从身从心,上下结构。在古代汉语中,"身"是指己身,"人"是指他人。这样,"仁"字由从身从心到从人从二的两种构形,其实表达了儒家仁爱思想的两种意义:前者是其本来意义,表示修己;后者是其引申意义,表达的是爱人。

有学者误解从身从心的"仁"表达的是对己身的爱。其实不然。"身"当然是指己身,如《尔雅·释诂下》说:"身,我也。"又:"朕、余、躬,身也。"郭璞注:"今人亦自呼为身。"在《论语》中就有不少这样的表述,如曾子曾说"吾日三省吾身"(《论语·学而》),翻开早期儒家典籍,不难发现他们对于"身"和"己"十分关注。所以,有学者指出,"仁"字"从身从心",即表示心中想着自己,思考着自己,用当时的话说,就是"克己""修己""成己";用今天的话说,就是要成就自己、修养自己,完善自己。

"仁"字古文给我们的明确信息是:孔子的仁爱,首先强调的是修己,首先考虑的是自身的修为。所以《中庸》说:"成己,仁也。"很显然,只有自己内心端正,有一颗仁爱的心,才可以"爱人"。孔子和儒家强调爱人,强调心中有百姓,心中有他人,当然是其魅力和精华所在,但相比之下,孔子的"仁"所内含的修己思想恐怕应当更加魅力永恒。

孔子格外强调为政者的榜样力量,他十分重视统治者自身的素养。孔子强调德政就是其突出表现。他说:"为政以德,譬如北辰,居其所而众星共之。"(《论语·为政》)统治者自身品德高尚,在政治统治中就会收到事半功倍的效果。所以孔子又说:"其身正,不令而行;其身不正,虽令不从。"(《论语·子路》)鲁国的季康子向他问政,他说:"政者,正也。子帅以正,孰敢不正?"又说:"子欲善而民善矣。君子之德风,小人之德草,草上之风,必偃。"(《论语·颜渊》)在《孔子家语》中有《王言》篇,该篇记载了曾子向孔子请教政治问题的详细情形,是有关孔子政治理想的重要文献。在论述中,孔子借助前代帝王事迹,描绘了自己心目中的理想政治面貌,并将前代王者之道提炼为"内修七教,外行三至"。孔子认为:"凡上者,民之表也,表正则何物不正?"要求君主首先应该修身立己,以德治国,实现统治者的美德与适宜的政治措施的结合,君主做到了"爱人""知贤""官能",就可以达到"内修七教而上不劳,外行三至而财不费"的客观效果。

孔子的所谓"七教",即"上敬老则下益孝,上尊齿则下益悌,上乐施则下益宽,上亲贤则下择友,上好德则下不隐,上恶贪则下耻争,上廉让则下耻节"。即在上位的人尊敬老人,那么百姓会更加孝顺父母;在上位的人以年龄序列排列尊卑先后,百姓对年长于自己的人也会更加恭敬;在上位的人乐善好施,百姓也会更加仁慈宽厚;在上位的人亲近贤人,百姓也会选择品行端正的朋友;在上位的人推崇德行,百姓就不会隐瞒事实;在上位的人憎恶贪婪,百姓就会以争夺为耻;在上位的人清廉礼让,百姓也会以不讲礼节为耻。

孔子说:"七教者,治民之本也,政教定,则本正也。凡上者,民之表也,表正则何物不正? 是故人君先立仁于己,然后大夫忠而士信,民敦俗璞,男悫而女贞,六者,教之致也! 布诸天下四方而不窕,纳诸寻常之室而不塞,等之以礼,立之以义,行之以顺,则民之弃恶如汤之灌雪焉。"孔子认为,这七种教化,是治理民众的根本。如果确定了这种政治教化的基本原则,那么治理国家的根本就是正确的。因为,在上位的人是百姓的表率,有了正确的表率引导,什么事物不能端正呢? 所以,君主首先要身体力行,如此大夫忠诚而士讲信义,百姓忠厚,风俗淳朴,男子讲求忠诚而女子力求贞顺。实现了这六个方面就达到教化的最高境界了! 可以推广到天下四方而无所不至,可以遍及百姓之家而无所阻塞,以礼制区别它的贯彻实行,以信义作为它的实行基础,以和顺作为它的推行方式,那么,百姓摒弃恶行就如同热水浇灌积雪一样容易完成了。

这里强调统治者的表率作用时,说到了"在上者"的各种品质如敬老、尊齿、乐施、亲贤、好德、恶贪、廉让等,

毫无疑问,这些都十分重要。其中所言的"上恶贪则下耻争,上廉让则下耻节"与廉政文化有着密切的关联。这里强调的是为政者应当做到憎恶贪婪、清廉礼让,从而造成一种以争夺为耻、以不讲礼节为耻的社会风气。这些,与今天倡导的树立正确的荣辱观、是非观完全一致。在古代,礼的内涵十分丰富,它也具有"法纪"的功能。以遵纪守法为荣,以违法乱纪为耻,就是使人做到憎恶贪婪、清廉礼让。

《孔子家语》中有一篇名曰《六本》,讲的是君子立身处世的根本问题。如其中说"生财有时矣,而力为本",意思是生财有个时机问题,只是要善于把握。但如何把握?孔子强调了一个"力"。这个"力"指的是自己的亲身劳动,指的是自己的勤苦努力、自身实践。该篇记载了这样一个故事:"孔子见罗雀者所得皆黄口小雀。夫子问之曰:'大雀独不得,何也?'罗者曰:'大雀善惊而难得,黄口贪食而易得。黄口从大雀则不得,大雀从黄口亦不得。'孔子顾谓弟子曰:'善惊以远害,利食而忘患,自其心矣,而以所从为祸福。故君子慎其所从,以长者之虑,则有全身之阶,随小者之戆,而有危亡之败也。'"孔子看到,警觉可以远离祸害,贪食就忘记了隐患。这是源于内心,由所跟从的对象决定的,所以君子在选择跟随对象时要谨慎。这给人的启示有二:其一,人一定不能"贪食",否则后果严重;其二,就像按照长者的忧虑行事可以很好地保全自身那样,要慎重选择学习的对象,不要盲目追逐社会的不良风气,应当从善如流。

既然"善惊""利食"皆源自其心,那么,防范内心,在心灵深处构筑起一个"礼"的屏障就是问题的根本所在。周代以来,随着人文理念的升腾,在社会管理中尤其重视"人"的因素,格外强调人们的行为规范要合乎行事的标准。例如,鲁国"周礼尽在",其对"公务员"(所谓"县官事"者)的管理就十分值得借鉴。鲁人十分注重防范犯罪,处罚有罪的人,特别注意社会效果,注意"诛心",从而使得吏治清明。在前几年出土的张家山汉简中有一篇《奏谳书》,记载了鲁国"士师"柳下季断案的事例。有一位佐丁盗粟一斗,应当进行的处罚很轻,可是,鲁国有特别的规定:"诸以县官事诖其上者,以白徒罪论之。"他是"县官事"的佐丁,在他的"上功牒"中"署能治礼",因此他应当以身作则,比一般平民做得更好;同时,他被捉住时又身穿"儒服"。所以,他是"盗君子节,又盗君子学",因而处罚极重。

孔子曾经与弟子子贡有一个对话,谈论君子为什么"贵玉而贱珉"。子贡问孔子这是否因为玉少而珉多的缘故,孔子认为不是。《孔子家语·问玉》记载孔子说:"夫昔者君子比德于玉:温润而泽,仁也;缜密以栗,智也;廉而不刿,义也;垂之如坠,礼也;叩之,其声清越而长,其终则诎然,乐矣;瑕不掩瑜,瑜不掩瑕,忠也;孚尹旁达,信也;气如白虹,天也;精神见于山川,地也;圭璋特达,德也;天下莫不贵者,道也。《诗》云:'言念君子,温其如玉。'故君子贵之也。"玉可象征美德,玉的美德表现在种种方面,包括"廉而不刿"等。在这里,孔子向我们展现了时人对于美德的理解。按照孔子的解释,美德具有仁、智、义、礼、乐、忠、信、天、地、德、道八个范畴,对这八个范畴,孔子的理解可谓层层深入,由仁、智、义、礼、乐、忠、信推及天、地,进而归结为德、道。孔子将形象比喻与抽象思辨完美地结合起来,令人叹为观止。

子贡是孔子非常得意的弟子。孔子对子贡的教导可以给我们以很好的启发。《孔子家语·致思》中说:"鲁国之法,赎人臣妾于诸侯者,皆取金于府。子贡赎之,辞而不取金。"孔子闻之曰:"赐失之矣。夫圣人之举事也,可以移风易俗,而教导可以施之于百姓,非独适身之行也。今鲁国富者寡而贫者众,赎人受金则为不廉,则何以相赎乎?自今以后,鲁人不复赎人于诸侯。"按照鲁国法律的规定,从其他诸侯国赎回做奴仆的鲁国人,都可以从鲁国府库里领取钱财。子贡赎回了奴仆,却推辞而不领取钱财。孔子听说了这件事说:"这是端木赐的过失啊。圣人做一件事,可以通过它移风易俗,而且可用来教化开导百姓,并非只是适合自身的行为。现在鲁国富人少而穷人多,如果因为赎人从府库领取钱财就是不廉洁,那么用什么来赎人呢?从今以后,鲁国人不再能从其他诸侯国那里赎回人了。"这里涉及"圣人之教"的内涵。自己做好了,还要注意它的影响后果,注意它对于教化社会人心的带动作用。

据《孔子家语·辨证》记载,子贡要去信阳为宰,临行前向孔子辞行时,孔子对他说:"勤之慎之,奉天子之时,无夺无伐,无暴无盗。"意思是要勤快谨慎地做事,尊奉天子颁行的时令,不要侵夺,不要攻伐,不要暴虐,不要盗窃。子贡说:"我从小就事奉君子,怎么会犯盗窃的罪过呢?"孔子循循善诱地说:"汝未之详也。夫以贤代贤,是谓之夺;以不肖代贤,是谓之伐;缓令急诛,是谓之暴;取善自与,谓之盗。盗非窃财之谓也。吾闻之,知为吏者,奉法以利民;不知为吏者,枉法以侵民。此怨之所由也。"孔子认为子贡知道得还不详细。他认为,用贤人取代贤人是侵夺;用不肖的人取代贤人是攻伐;法令松弛而诛杀峻急,这叫作暴虐;把别人功绩据为己有是盗窃。盗窃并不是盗窃财物。"我"听说,会当官吏的人,奉行法令以有利于民众;不会当官吏的人,歪曲法令以侵害民众。这就是怨恨产生的根源。

孔子十分强调官吏的"廉平"。孔子说:"治官莫若平,临财莫如廉。廉平之守,不可改也。"孔子又说:"匿人之善,斯谓蔽贤;扬人之恶,斯为小人。内不相训而外相谤,非亲睦也。言人之善,若己有之;言人之恶,若己

受之。故君子无所不慎焉。"好官最重要的要素就是公平,面对财物最重要的是廉洁。廉洁公平的操守,是不应当、不可以改变的。抹杀别人的优点,这叫作蒙蔽贤人;彰扬别人的缺点,这就是小人。在内不相互帮助,却在外相互诽谤,这不是亲近和睦。说别人的优点时,好像自己也有这些优点;说别人的缺点时,好像自己应该把它承受下来。因此君子时时处处无不谨慎。孔子认为为官之道在于"奉法"而不可"枉法",在论述中,孔子说"治官莫若平,临财莫如廉",我认为这应当成为每一位为政者的座右铭。

(四)义利关系与"廉节"

人生活在社会之中,必然会遇到"义利"的矛盾。所谓"义",说到底是对人的道德要求。道德与物质利益的关系问题,是任何处于社会中的人都无法回避的问题,因此,它也是伦理学的基本问题之一。春秋战国时期的诸子各家大都涉及这一问题,但对中国社会影响最大的还是要数孔子的义利观。

孔子集前人义利学说之大成,把义利关系提高到了伦理道德学的高度,树立了先义后利、义以生利的思想旗帜,孔子乃至儒家的义利观遂成为之后两千余年中国社会义利观的主流。

对于什么是"义",《孔子家语·哀公问政》记载孔子说:"义者,宜也。"看来,义的意思是合适,做该做的事,说该说的话,就是义。孔子对义十分看重。他说:"君子义以为质,礼以行之,逊以出之,信以成之。"认为君子应把义作为根本,要在施行礼的过程中贯彻。其实,在孔子那里,义更多地表现为从"仁"的思想中引申出来的与"礼"的要求相一致的道德规范。义是一种理想状态,它要求既讲礼,又讲仁,既要维护统治秩序,又要给人们一定的宽惠和仁政。

利,是指功利、利益。过去,我们往往误会孔子,认为他不重视利。其实,孔子已经意识到利益是人们所想要的,也是百姓安定的重要因素,是社会存在和发展的基础。他说:"富与贵,是人之所欲也……贫与贱,是人之所恶也。"肯定了人们追求物质利益的正当性与合理性,只是他认为对利的追求要合乎义、合乎道。在《论语·述而》中,孔子说:"富而可求也,虽执鞭之士,吾亦为之。不义而富且贵,于我如浮云。"明白地表达了自己的义利主张。这是孔子对于个体的义利关系的基本态度。

孔子一生也在用自己的行动践履着他的义利观。孔子为了自己的道义,放弃了在鲁国的大司寇的地位,不肯与季孙等同流合污。他到处游说诸侯,但为了道义,他不肯屈从,而是选择离开,继续寻找。孔子也曾主

张"食不厌精,脍不厌细",但落魄之时,他却能"饭疏食饮水,曲肱而枕之,乐亦在其中"。当风烛残年的孔子回到鲁国之后,他依然过着"发愤忘食,乐以忘忧,不知老之将至"的生活,展现了他安贫乐道的精神风范。他对弟子颜回"一箪食,一瓢饮,居陋巷"而仍"不改其乐"的生活态度极为赞赏,屡称其贤。对"不义"之利,孔子极为反对。当他的弟子冉有帮助季孙氏聚敛财富,而富比周公之时,孔子大光其火,说冉有"非吾徒也,小子鸣鼓击之可也"。

对于整个国家、社会,孔子同样肯定物质利益的重要性。孔子周游到卫国时,曾对弟子冉有阐述了他的"先富后教"的思想。只有先富庶了,才谈得上教化。管仲就曾说过:"仓廪实而知礼节,衣食足则知荣辱。"表达的是一个意思。孔子主张"因民之所利而利之",尽一切可能给百姓以实惠和利益。对于统治者的横征暴敛,孔子十分反对,认为苛政猛于虎。对此,孔子经常劝谏统治者。一次季康子向孔子请教剪除盗患的方法。孔子借机批评了季康子的贪婪和多欲。

儒家注重"正名",强调"名分",因而十分倡导"礼",希望各安其位。而守礼的要求在于正身持守,使天下之人教行迁善。正如《庄子·渔夫》篇记载有人说孔子的那样:"子之所以者,人事也。天子诸侯大夫庶人,此四者自正,治之美也,四者离位而乱莫大焉。官治其职,人忧其事,乃无所陵。"孔子本人虽然"上无君侯有司之势而下无大臣职事之官",却在努力"饰礼乐,选人伦,以化齐民",他希望的正是官定政顺。

按照儒家的人格要求,人们为官一定要清正廉洁,而清正廉洁的基础是人的自身修为,进而正确处理义利关系。这是儒家的一贯追求。《荀子·修身》说:"见善,修然必以自存也;见不善,愀然必以自省也。善在身,介然必以自好也;不善在身,灾然必以自恶也。"见到好的行为、好的事物,就主动学习,保持下去,从而洁身自好;相反,见到不善不好的东西、行为、事物,就主动反省自身,就好像污浊的东西在自己身上,自己都会感到厌恶。《荀子·修身》说:"君子之求利也略,其远害也早,其避辱也惧,其行道理也勇。"又说:"君子贫穷而志广,富贵而体恭……君子贫穷而志广,隆仁也。"君子未必不求利,但君子求利不会急迫而不择手段。君子居于贫穷,不忘以道德约束自身,仍然保持广大高远的志向,依然推崇仁德。

《荀子·不苟》说君子"廉而不刿"。廉,棱角,比喻人的禀性方正、刚直。刿,刺伤。所谓"廉而不刿",即方正刚直而不伤人。《荀子·荣辱》篇说到"小人之所务而君子之所不为"的一些现象,其中说"廉而不见贵者,刿也;勇而不见惮者,贪也",刚直清廉而没有受到重用,是因为伤人;勇猛而不被人惧惮,是因为有贪欲。所谓"无欲则刚"，此之谓也。

《荀子·荣辱》还谈到几种所谓"勇"的情形，认为："有狗彘之勇者，有贾盗之勇者，有小人之勇者，有士君子之勇者：争饮食，无廉耻，不知是非，不辟死伤，不畏众强，恈恈然唯利饮食之见，是狗彘之勇也。为事利，争货财，无辞让，果敢而振，猛贪而戾，恈恈然唯利之见，是贾盗之勇也。轻死而暴，是小人之勇也。义之所在，不倾于权，不顾其利，举国而与之不为改视，重死持义而不桡，是士君子之勇也。"贪戾之心太重的人，往往因喜爱而想得到利益，进而不再顾及是非廉耻，甚至不知避开死伤，不怕来自各方面的强大压力。这种"唯利饮食之见"的人，几乎与猪狗差不多了，所以荀子称其为"狗彘之勇"。今之贪赃枉法者，几乎与之无异。

国家正确任用官吏是保证政治清明的前提。《荀子·君道》说："至道大形，隆礼至法则国有常，尚贤使能则民知方，纂论公察则民不疑，赏克罚偷则民不怠，兼听齐明则天下归之。然后明分职，序事业，材技官能，莫不治理，则公道达而私门塞矣，公义明而私事息矣。如是，则德厚者进而佞说者止，贪利者退而廉节者起。"考察官吏最重要的是察其德行，只有这样，才能够真正做到"贪利者退而廉节者起"。

义利之间的关系，有时看似矛盾，但实际上是可以辩证地处理的，是可以统一的。只有符合"义"的利才是真正的利,是长远的利。作为社会的管理者,人们应当时刻将百姓的利益放在首位,这样才能维护自身的长远利益。

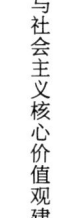

第四章
儒学精神为实现中国梦提供丰富养分

要实现中华民族伟大复兴的中国梦,就必须从中华优秀传统文化中汲取营养,而以儒学为核心的中国传统文化不仅具有仁爱重民、守信尚和等一系列优秀品质,更具有崇尚正义的内在气质,这就为建立社会主义核心价值观提供了坚实的基础。中华传统道德后来被凝练为孝、悌、忠、信、礼、义、廉、耻八德,它不仅是历代中国人所共同信奉的道德准则,也会在今天助力新时代的道德建设,这是社会主义核心价值观的基础与底色。中华民族历来有世界观念与天下情怀,历来爱好和平、追求和谐,在实现中华民族伟大复兴的中国梦的带领下,中国将为世界做出更大贡献。中国大力弘扬传统文化,不仅将传统文化传承下去,而且将传统文化传播出去,这将是中华民族贡献给世界和人类的伟大礼物。

一、崇尚正义与传统文化的基本精神

近代以来,我国学人多以西文"justice"一词为基础谈论"正义"问题,大量引进西方的"正义"理论,许多社会问题的论述也以此为依据而展开。殊不知,我国的"正义"学说更加源远流长、内涵丰富。更重要的是,它是我们核心价值观念的牢固根基。

早在尧舜时代,"义"就已经是人们谈到的重要命题。后来,"义"作为"五常"之一,又成为极其重要的道德范畴。在我国的早期论述中,"义"就有"正义"的意义,《中庸》说:"义者,宜也。""义"一定正,不正何"义"？所以《墨子·天志中》说:"义者,正也。""义"包含人之行为的正当与公正,也包含社会制度评判上的合宜与公平。认真对比分析,不仅西人"正义论"的基本内容尽在其中,而且意涵更加丰富。

第一,正义是天下和谐、和顺的前提。人类文明的普遍法则与基本价值在于公平和正义,它首先表现为社会秩序上的和谐与和顺。孔子、儒家追求"天下为公","公则不为私所惑,正则不为邪所媚","唯公然后可正天下"。"义"意味着"公",我们今天追求的自由、平等、

公正、法治都以"公义"和"正义"为前提。人人"讲信修睦",社会和谐,人心和顺,"老有所终,壮有所用,矜寡孤疾,皆有所养"(《孔子家语·礼运》),这是历代中国人的社会理想。只有安定才能前进,只有和谐才能发展,只有"天地位"才能"万物育",《墨子·天志中》说:"天下有义则治,无义则乱。"《荀子·赋篇》说:"行义以正,事业以成。"贾谊《新书·威不信》也说:"古之正义,东西南北,苟舟车之所达,人迹之所至,莫不率服。""义"是历代国人的共同价值追求。

第二,正义是人之为人的社会性要求。中国传统文化尤其儒家学说,其突出特色在于思索人性与人的价值,思索"人之所以为人"的问题。《礼记·冠义》说:"凡人之所以为人者,礼义也。"《礼记·礼运》说:"何谓人义?父慈子孝,兄良弟悌,夫义妇听,长惠幼顺,君仁臣忠。十者谓之人义。"儒家特别关注与"人情"相对的"人义"。所谓为人之"义",无非是要求人们的行为合乎道义,遵守礼义,即所谓"强而义"(《尚书·皋陶谟》)、"以义制事,以礼制心"(《尚书·仲虺之诰》)。当"义"与"利"冲突时,要"义以为上"(《论语·阳货》)、"见利思义"(《论语·宪问》)、"见得思义"(《论语·季氏》)。在个人修为方面,要明理正心,推延亲情,放大善性,循道而行,以"止于至善"。我国历代士人道义为先的价值取向、舍生取义的大丈夫精神,其影响既深且广,是我们中华民族的宝贵财富。

第三,正义是社会伦理中的责任担当。"义"的内涵要求社会成员"轨于正义"(《史记·游侠列传》),遵守人伦秩序。解决了基本的"人之为人"的问题,还需要有更高的要求,这就是要履行社会责任和道德义务。殷商鼎革之际,姜太公告周文王以"至道之言",说"义胜欲则昌,欲胜义则亡"(《六韬·明传》),无论是提升国家治理境界还是个人成长,"义"都是要认真强调的道德人伦责任。孔子儒家主张为人处世要符合"中道","中"首先是其思维或行为的正当性、合宜性,它要求人们认真把握"人心"和"道心"的统一,思考"人欲"和"天理"的平衡,这便是处世之"中"的问题。这个"中"一定要合乎"义"的要求。作为社会角色主体,人应有履行社会义务的自觉性、能动性。

通过对我国传统"正义"观的梳理可以看出,一个富强、民主、文明、和谐的国家,一定是崇尚正义的国度。在这样的国度里,社会成员应按照个人的社会角色自觉修行,善养浩然正气,以天下为己任,勇于担当,爱国敬业,信义至上,不偏不颇。正义是诚信之本、友善之根,在弘扬民族精神和重塑价值体系的过程中,人们要遵循正义性原则,富于奉献精神,自觉履行社会义务,使义、利有机统一,只有这样,才能找到自己的人生价值,使社会公平与公正得以维护。

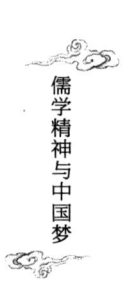

二、用传统"八德"照亮世道人心

党的十八届三中全会刚刚闭幕不久,习近平总书记就来到山东视察,专门到孔子故里曲阜,考察孔子研究院,举行专家学者座谈会,发出了大力弘扬优秀传统文化的重要信息。在山东时,习总书记特别强调了修道立德的重要意义,指出"国无德不兴,人无德不立"。此后,习近平总书记的一系列讲话,尤其是关于传统文化的论述,都表达了大力弘扬传统文化,建设中国核心价值体系的坚定决心。如果说习总书记的这些论述是一篇大文章,那么,习总书记的这句话可以看作是这篇大文章的标题,是这篇大文章的灵魂。我们认为,中国倡言传统"八德"即孝、悌、忠、信、礼、义、廉、耻,可以照亮世道人心,指导人们修身做人,具有历久弥新的价值。

(一)为什么要讲"德"

"国无德不兴,人无德不立。"这句话内涵十分丰富。国家无德难以兴旺,个人无德难以立身。看起来这只是说国家和个人,实际上却包含了由大而小、从整体到个体的许多方面,包括了诸如"企无德不盛""家无德不旺"等许多意涵,警醒任何集体和个人都不能无"德",不可失"德"。

民间有句骂人的狠话,叫作"王八蛋",据说是"忘八德"的讹传。中国自古重德,孝、悌、忠、信、礼、义、廉、耻这些观念早已深入人心,"八德"不齐就被人不齿。对那些不忠不孝、没有信义、粗暴无礼、寡廉鲜耻的人,往往斥之以"忘八德"。还有一种说法,因为在"八德"中"耻"列最后,无耻之人被骂为"王八蛋",就是忘了"第八德"。这些说法,或者是后来的附会,但"话粗理不粗",它显示了历代对"德"的重视。

那么,什么是"德"?说起来,"德"很抽象。不过,《说文解字》说得很容易理解:"德,升也。"德有登高、攀登的意思。这就不复杂了,人有了德,便不再是"俗人一个",就进步了,就与原来不一样了。

在古籍中,"德"有时与"得"相通,有的注解说"德者,得也"。中国传统的人文教育要"止于至善",《大学》说:"知止而后有定,定而后能静,静而后能安,安而后能虑,虑而后能得。"人知道努力方向,明白走向哪里,才能神定心静、踏实安宁、思虑周全,才会有"得"。人生不迷茫,就能登,就能得,就具有了"德"。

"道"与"德"可合成一个词,即"道德"。"道"与"德"本来也有分别。"道"无言无形,却承载一切,只能

用思维意识去感知它;"德"则用来昭示"道",有德的人顺应道,按照自然、社会、人生的需要去做人做事。

正像老子的著作被称为《道德经》一样,孔子的《论语》《孔子家语》等也可以说是孔子的"道德经",其中所谈也是"道"与"德"的问题。孔子常说"修道"与"立德"的问题。孔子说:"夫道者,所以明德也;德者,所以尊道也。是以非德,道不尊;非道,德不明。"这话说透了"道"与"德"的关系。为什么"善恶到头终有报"?为什么"多行不义必自毙"?仁、义是"人道"的要求,人不仁不义,必定不会有好结果。只有遵道而行,德行才好。

春秋末年,孔子认为"天下无道""礼坏乐崩"。"道"就是价值体系,"天下无道"意味着价值观混乱、是非观扭曲。"天下无道"时,德行的好坏就失去了标准,人们纷纷跨越是非界限,令人咋舌的"缺德"现象频频上演。

"德"不"明",则"道"不"尊",就意味着失去了应有的价值体系,长此以往,后果极其严重。孔子说:"虽有国之良马,不以其道服乘之,不可以道里。"马是良马,若不遵循驾车之道,也不会顺利前行。治国同样如此,"虽有博地众民,不以其道治之,不可以致霸王"。国家地大物博,人口众多,如果治理无"道",国家就不会真正强大。

"道"实在太重要了,古代思想家都重视它!国家有治理之道，为人有处世之道。"道"是我们时刻都离不开的东西，就像无论大事小事都有"好"与"不好"的标准。《庄子》说，"道"就在人的日行坐卧之间。《中庸》也说，如果可以离开它，那它就不是"道"了。我们遵"道"而行，便是"德"，我们德行的好坏、高低，要看与"人道"契合的程度。因此，我们不妨"把普通岗位当成道场"，把工作看成"修炼"。这样要求自己，肯定就是有"德"的人！

"道"要求人们有"德"，人"德行"的好坏都要得到"道"的检验。在自己的道场上，每个人都是舞者，都是表演者。人有没有"格局"，有没有"气象"，人生"目标"对不对，"结果"好不好，都由"德"所决定！

（二）"八德"是怎样形成的

2002年春，在香港古董市场偶然发现了一件有近三千年历史的青铜器"遂公盨"。上面的铭文不足百字，却出现了六个"德"字，是专门论述"德治"的政论，这件国宝当时被誉为"金文之最"。

以前我们无法想象，几千年前的青铜铭文，竟然主要在说"有德于民"，为百姓做实事。而且，其中的"德"内涵宽泛，要求人们修身养性，做人"齐明中正"，孝顺父母、兄弟友善、婚姻和谐，注重对祖先和神灵的祭祀；

要求君王、官吏顾念黎民百姓。

铭文以大段文字阐述"德"与"德政",著名历史学家李学勤先生说这是"周人尚德"的实证,还表明当时关于"德"的思想已经相当丰富,相当系统。其实,早在尧帝时期,就有了"克明俊德"的观念,认为只有明德,才能亲睦九族,平章百姓,协和万邦。

为了修道立德,古代早就有了"训语"。"训"就是教训,"训语"用以教训来者,警诫后人。古籍提到"训语""遗训""训典"之类的概念,无非是要人们"观其废兴""知废兴者而戒惧"。与这些训诫相关,西周形成了深厚的重德传统,《逸周书》中有"三德""五德""九德"等概念。除《尚书》中说到了"九德",《逸周书》的好几篇都说到了"九德"。它们从不同角度立说,德目也不相同,但都与后世的"德"之间有紧密关联。那时,仁、义、圣、智、信、孝、慈等概念已被普遍使用,各种"德"都围绕这些概念铺陈阐发。

在总结前人的基础上,春秋时期的思想家继续凝练提升,认识更加全面、系统、严谨。

从全面性上看,德目的数量很多。《国语》提到了敬、忠、信、仁、义、智、勇、教、孝、惠、让"十一德"。《左传》说:"君令臣恭、父慈子孝、兄爱弟敬、夫和妻柔、姑慈妇听,礼也。"《孔子家语》则说:"父慈、子孝、兄良、弟悌、夫义、妇听、长惠、幼顺、君仁、臣忠,十者谓之人

180

义。"用词有个别差异,都是就人的不同社会身份而言。

在概括、凝练方面,管子较早提出了"四维"的概念。《管子·牧民》篇说:"何谓四维?一曰礼,二曰义,三曰廉,四曰耻。礼不逾节,义不自进,廉不蔽恶,耻不从枉。"他强调说:"四维张,则君令行","守国之度,在饰四维","四维不张,国乃灭亡"。他还说:"国有四维,一维绝则倾,二维绝则危,三维绝则覆,四维绝则灭。"这是从国家层面上着眼的。

战国时期,人们更为关注君臣、父子、兄弟、长幼、夫妇这些社会关系。《郭店楚墓竹简》中有"六德"说,即"圣、智、仁、义、忠、信",又说:"父圣,子仁;夫智,妇信;君义,臣忠。圣生仁,智率信,义使忠。故夫夫,妇妇;父父,子子;君君,臣臣。此六者,各行其职而讪谤蔑由作也。"与君臣、父子、夫妇、昆弟、朋友等"五教"或"五伦"相比,"六德"紧紧抓住了夫妇、父子、君臣三个方面。

战国中期,孟子提出了仁、义、礼、智"四端"之说。《孟子》说:"无恻隐之心,非人也;无羞恶之心,非人也;无辞让之心,非人也;无是非之心,非人也。恻隐之心,仁之端也;羞恶之心,义之端也;辞让之心,礼之端也;是非之心,智之端也。"孟子学于子思之门人,他的学说是对郭店楚墓竹简中子思学派思想的继承与发展。与管子的国之"四维"说相比,孟子的人心"四端"说直接关注人自身的属性。孟子的思考更为深刻,他从思考"人

之所以为人"的修养问题出发,希望人们明心见性,放大善性。

无论"六德"还是"四端",所论都是中国早期思想家探讨的中心话题。此后的很多论述大多上承孔子而加以发挥,后来影响深远的仁、义、礼、智、信"五常"正脱胎于此。从"四维""六德"到"四端""五常",虽然角度不同,却都为"八德"的出现做了充分准备。

到宋代,人们对儒学与社会改良的认识更为清晰。他们更加注重自身修养,注重向人心"内求",同时也从社会结构出发,立足于"中国"文化立场,更注重个人、家庭的观念和行为对国家和谐稳定的影响,有一种挥之不去的家国情怀。

最晚从北宋真宗时期,人们已经将孝、悌、忠、信、礼、义、廉、耻连用,天禧年间的杨亿(字大年,974—1020)有《杨文公家训》,其中说:"童稚之学,不止记诵。养其良知良能,当以先入之言为主。日记故事,不拘今古,必先以孝、悌、忠、信、礼、义、廉、耻等事,如黄香扇枕、陆绩怀橘、叔敖阴德、子路负米之类,只如俗说,便晓此道理,久久成熟,德性若自然矣。"此后,将孝、悌、忠、信、礼、义、廉、耻并称连用的越来越多,有的称其为"八德",有的称其为"八行"或者"八端"。

与杨文公以"八德"为涵养良知良能的方式相近,人们都视"八德"为治国平天下的"教化之道""修身之要"。南宋时期,朱熹在《漳州龙岩县学记》中两次说到孝、悌、忠、信、礼、义、廉、耻,认为这是修己安身的"圣贤之学",人们踏踏实实地按照"八德"去做,就会"身无不修"。明代大儒王阳明的《训蒙大意示教读》也强调"教以人伦"的重要性,认为不能仅关注于记诵辞章,希望"以孝、悌、忠、信、礼、义、廉、耻为专务"。

(三)怎样理解"八德"

从"八德"的形成可以看出,它们虽然有一定的并列关系,但也可以分为两个层面:孝、悌、忠、信为第一个层面,即正心诚意的内在修为;礼、义、廉、耻为第二个层面,是个人修为的外化,是修身的体现。二者紧密相连,是递进的关系。

如果细致探究,在"八德"之中,"孝"与"悌"、"忠"与"信"、"礼"与"义"、"廉"与"耻"意义相邻相近,可分别组成一组概念,而且它们同样层层递进,有内在的关联。"八德"实际是一个有机的整体。

1.孝悌

人来到这个世界,首先得到的是父母的悉心呵护以及兄长、姐姐等人的照顾,没有父母的生养和兄姊的扶

持,就没有自己的一切。人之为人,"人之所以异于禽兽",必须理解和感恩这种关爱与照拂,如果连这一点都做不到,就失去了做人的前提。因此,子孝父,弟敬长,是做人的第一要义。

孔子晚年,鲁哀公认为孔子教导自己的学识很多、很完备了,可是,要从哪里具体开始做起呢?孔子给他开出了良方。孔子说:"立爱自亲始,教民睦也;立敬自长始,教民顺也。教之慈睦,而民贵有亲;教之以敬,而民贵用命。民既孝于亲,又顺以听命,措诸天下,无所不可。"因此,孔子当年施教,"先之以《诗》《书》,导之以孝悌"。

"立爱自亲始",这话极其重要!孔子说:"仁者,人也。亲亲为大。"人有仁德才算是"人",做人最基本的就是"亲亲"。在这样的逻辑起点上,孔子儒家展开论述,中国传统伦理的大厦也由此筑牢了根基。"为仁"便是修身,修身需要"恕道",需要推己及人。由"亲亲"而"不独亲其亲""老吾老以及人之老",进而"爱众""爱物"。

由此,我们读懂了孔子。人"敬其所尊,爱其所亲",才能社会和睦,人心和顺。培养爱、敬之心,就要从孝悌着手。

2. 忠信

在"孝悌"之后,孔子接着就讲"忠信"。《论语》记载孔子的话说"弟子入则孝,出则悌,谨而信",后来《弟子规》总结为"首孝悌,次谨信"。"谨信"与"忠信"意思相同。

如果说"孝悌"是讲做人,"忠信"则是讲做事;如果说"孝悌"是讲情感,"忠信"则是讲理性。"忠"是无私,尽心竭力;"信"是诚实,真心诚意。

理解"忠信","忠"是关键。如果仅仅把"忠"理解为臣下对于君上的忠心,则是将它的内涵看得太狭隘了。"忠"字从"中"从"心",是说一定要把握"中",把握"度",不偏不倚,不"过"亦不可"不及"。

孔子从卫国返回鲁国,路过大河时,发现河水十分凶险,可偏偏有一位壮年男子竟从那里渡河,而且成功地从对岸游出。孔子感觉奇怪,于是问他缘故。那人说:"始吾之入也,先以忠信;及吾之出也,又从以忠信。忠信措吾躯于波流,而吾不敢以用私,所以能入而复出也。"原来,他就是顺遂波流之性,而不敢逞一己之"私"。这便是"忠信"!

孔子弟子子张向老师请教,到底怎样做才能处处通达,到哪里都能行得通。孔子告诉他六个字:"言忠

信,行笃敬。"孔子认为,人应时刻将"忠信""笃敬"装在心中,指导行动。否则,在哪里都行不通。

3. 礼义

人修身,是为了适应社会,处理好与他人、集体、国家乃至与自然环境的关系,做一个"社会的人"。为此,人应该把自己放在社会中,遵守社会规范。《礼记》说"人之所以为人者,礼义也"。这里的"礼义",指礼的内涵。

怎样修"礼义"呢?中国古代非常注重"成人"教育。所谓"成人",就是具备人的内涵的人。《左传》中说:"人之能自曲直以赴礼者,谓之成人。"人能"自曲直"表现在"赴礼"上,这就具备了正确的价值观,符合"礼"的要求。这个"礼"就是指礼义,即"礼"的本质内涵。

人之成人,要从最基本的行为做起,所以《礼记》说:"礼义之始,在于正容体,齐颜色,顺辞令。容体正,颜色齐,辞令顺,而后礼义备。以正君臣,亲父子,和长幼。君臣正,父子亲,长幼和,而后礼义立。"

在谈到儒者的行为方式时,孔子说"忠信以为甲胄,礼义以为干橹",以忠信为盔甲,把礼义当盾牌,具有忠信的修养,遵守社会的礼义,人的修身功夫就差不多了。

所谓"器利则事成",一个人把礼义作为器具,做事才成效可期。"礼义"可理解为礼的本质,也可理解为"礼"与"义"。

在"八德"中,"礼"与"义"是分别说的。"礼"是指具体的仪式或者规则,"义"则是与之相适应的、适宜的做法。孔子曾说:"礼者,理也;义者,宜也。"广义地讲,"礼"是德与法的有机统一,内涵极其丰富宽泛。作为"八德"之一,"礼"有道理、规章与法则之意,"义"则是"事之宜也",人们按照该做的去做就是"义"。

孔子、孟子都十分重视"礼"与"义"。孔子说:"谁能出不由户？何莫由斯道也？"孔子用"出必由户"来说明人遵循社会规范的必要性、合理性。比如观察一个人,只要"视其所以,观其所由,察其所安",他就无法隐藏真实的自己了。孔子说的"所由",就是看你是走阳关大道,还是热衷于歪门邪道、旁门左道。孟子也发挥了这个意思,说:"夫义,路也;礼,门也。惟君子能由是路,出入是门也。"他认为,人行走时从路上走,出门从门里过,自然而然,天经地义,人人都应如此。

4. 廉耻

所谓"廉耻",即廉操与知耻。人修礼义,才有廉耻可言;对于国家治理,"廉耻"二字也十分重要。所以

《淮南子》说:"民无廉耻,不可治也。非修礼义,廉耻不立。"

从字的本义讲,"廉"指堂屋的侧边、棱角。比喻正直、刚直,廉洁、廉正、廉明,有节操、不苟取,指品行端方而有气节的人。"耻"则为耻辱、可耻,指内心里的羞愧感、羞辱感。明礼义,知廉耻,才有行为界限,从而循礼而动,否则就是不廉,就是耻辱。

中国早期特别重视为政者的廉耻教育。孔子说:"凡治君子,以礼御其心,所以属之以廉耻之节也。"管理"君子"时,首先用"礼"驾驭其思想,在具体管理细节上融入"廉耻"观念。

"君子"的本义是对统治者和贵族男子的统称,它的本义与引申义之间的联系,明确昭示了一个重要的道理:对于为政的人,因为责任大,所以要求高;既然是尊贵的人,就应该是高尚的人。

以前有"刑不上大夫"的说法,人们以为这是贵族享有特权的证据,其实不然。孔子与弟子冉有讨论过这一问题。孔子说得明白,这不仅不是什么特权,恰是对"古之大夫"的更高要求。大夫行为不廉,罪名是"簠簋不饬";淫乱而男女无别,罪名是"帷幕不修";欺骗君上、心不忠诚,罪名是"臣节未著";软弱无能、不胜任工作,罪名是"下官不职";违反纲纪,罪名是"行事不请"。都是从正面说明该怎样做。之所以故意讳言,就是为使之

"愧耻"。

还有,如果大夫所犯罪行属于五刑范围之内,就让他们自己前往宫阙请罪,而不让官吏捆绑牵引凌辱他们;犯了重罪,则接受君命北面跪拜自杀,也不派人揪按而刑杀。这样,虽然"刑不上大夫",而大夫仍"不失其罪"。

(四)"八德"与"明理"

在时代上,"八德"的出现、流行与理学的形成、兴盛正相一致。正如"理学"是"儒学"的更高形态那样,"八德"也是儒家道德学说的更好凝练。

理学因宋儒多言"理"而得名,他们甚至把"理"作为宇宙的本体来看待。从"天"的角度,理是一个生生不息的过程;从"人"的角度,理就是超越一切之上的君臣、父子之理。为学之道,不过是"存天理,去人欲",变化人的气质,恢复人的义理。

在广义上,"礼"就是"理","明礼"即"明理",所以,孔子说"礼者,理也"。与佛家讲修行以使内心"慈悲"类似,儒家讲修身正是"穷理正心"的过程。从先秦到宋代,人们所谈的"理"实际上是与"欲"相对的那个概念,就是人应遵循的天道规则、人伦法则。

人刚出生时都天真无邪,但随着年龄的增长,对外

部世界开始产生认知,慢慢出现了"好"与"恶"的情感。"外面的世界很精彩",人容易被外物所"化"。如果这种"好"或"恶"的情感无所节制,就有可能滑向危险的边缘。这个用来节制人欲的东西,其实就是"礼",它可以用来把握"人欲"与"天理"之间的平衡,以防止"人化于物",防止"灭天理而穷人欲"。

理学又称为"道学",所谓"道"就是"中道"。它源自孔子以前的圣贤们对"人心"与"道心"关系的思考。人们早就认识到:"人心惟危,道心惟微,惟精惟一,允执厥中。"那个"中"十分重要,它是"人心"和"道心"、"人情"和"人义"、"天理"和"人欲"之间最好的把握、最佳的"度"。孔子儒学的思维深度与高度,其实也体现在这个"中"的思想里。

人都具有两重属性。人是"自然的人",都有喜怒哀乐,都有七情六欲。人又是"社会的人",拥有不同的身份,扮演不同的角色。如何处理自己作为"自然人"与"社会人"的关系,怎样处理"我想怎样"与"我该怎样"之间的矛盾,就成了为人、谋事的关键,这正是"人欲"与"天理"的关系。儒家教人明理,从"发乎情,止乎礼"开始,要人克己守礼,遵从社会原则。

人不明理,往往后果严重。那些作奸犯科的人,说到底都是不知理、不守礼者。孔子认为,有些人作奸犯科、胡作非为,乃"生于不足","不足生于无度",这就是

"不知节"。人明理知足，好恶有节，才不会无所节制。礼就是为了保证社会的正常运行。

在社会治理方式上，孔子分成"以德教民""以政导民"两种境界，"以政导民"需要"以刑禁民"相配合。当然，政治实践不是简单化的，这些治理往往综合使用。这些关系处理得好，方略恰当，效果会更理想。如果仅仅"道之以政，齐之以刑"，人就可能"免而无耻"。毕竟法律不是万能的，它只是道德的底线。虽然不违背法律，但可钻法律的空子。如果"道之以德，齐之以礼"，人们知道自己走向哪里，懂得修养的境界，才会"有耻且格"。

人只有明理，才能"知其所止"。"知止"是修身的目标，人知所"止"就有了明确的是非观，就明白了哪些可以做，哪些不能做。可见，"有耻且格"建立在民众知荣辱、明是非的基础之上，建立在民众素质大大提高的基础之上。"有耻且格"这四个字，是孔子的追求，是儒家的向往，是社会治理的境界。没有民众的"明理"，这种境界是不可能达到的。

（五）"八德"历久弥新

20世纪20年代，著名学者柳诒徵撰文指出："今日社会国家的重要问题，不在信孔子不信孔子，而在成人

不成人,凡彼败坏社会国家者,皆不成人者之所为也。苟欲一反其所为,而建设新社会新国家焉,则必须先使人人知所以为人,而讲明为人之道,莫孔子之教若矣。"他说的话虽然已经过去近百年,但今天依然具有重要的现实意义。孔子儒学教人修德做人,正如一位西方作家所说:"在孔子学说的影响下,伟大的中华民族比世界上别的民族更和睦和平地共同生活了几千年。"从孔子所处的时代到今天,虽然社会发生了很大变化,但孔子所确立和阐述的很多价值观念仍然是我们的立足点。

从"八德"的形成及其内在关联看,它已融入了古代中国思想精英关于德行问题的全部思考。我们不宜动辄说"道德是束缚人的枷锁","圣人"可不是来教训人的。"八德"之中含天理,"八德"之中有人意,它是武装自己的盔甲,是防身护身的盾牌,是为政做人的底气。不论是谁,"八德"都不可须臾离身。

不同历史时期会有重点不同的道德要求,有的时候,人们也思考在"旧道德"的基础上建构"新道德",但万变不离其宗,"八德"所蕴含的道德之魂不能离弃。近代以来,有人主张以"孝、悌、忠、信"为基础,吸收西方近代道德,建构中国道德;有人确立"礼、义、廉、耻"这"四维"的地位,发动新生活运动。从中我们可以看到"八德"的价值与意义。

也有人特别强调时代的变化,试图在传统"八德"的基础上进行改进。孙中山、蔡元培等人就曾提出了"忠、孝、仁、爱、信、义、和、平"的所谓"新八德",因为它调整了"孝"与"忠"、"家"与"国"的位置,以表示民族和国家高于家族的观念,被誉为中体西用、中西道德精华融合的杰作。

其实,现代"国家至上"的观念与以人为本、重视家族并不矛盾,且不说中国的"邦国"观念本身就有发展变化,仅就传统的"教孝即教忠"的思维方式,就足以告诫我们不宜将"家"与"国"对立。更何况道德的时代性受到道德本质的制约,不论何时,人与人相处的根本原则都不应改变,正因如此,"孝、悌、忠、信、礼、义、廉、耻""八德"才成为历久弥新、相对稳定的道德规范。

进入新时期以来,与经济发展相适应,中国从全新的角度进行道德建设,提出了爱国主义、集体主义以及个人品德、职业道德、家庭美德、社会公德等。我们在国家、社会和个人的不同层面提出社会主义核心价值观,建构与当今人际关系相协调、与建设小康社会相适应的新伦理、新道德。这是继承前人道德智慧,推陈出新发展道德,在修养方式和道德追求上,与传统"八德"血脉相连。修好"八德",提升个人素养,就能讲仁爱、重民本、守诚信、崇正义、尚和合、求大同,自觉认同和践行社会主义核心价值观。

今天进行道德建设,需要与社会的全面进步相适

应,需要与社会的公平与正义相一致。优秀传统文化是今天中国特色社会主义建设的丰厚文化土壤,"八德"是最具代表性的中华传统美德,已经沉淀为中华民族的精神基因,构成中华民族独特的精神标识,成为历代中国人"最深沉的精神追求",因此我们不能淡忘"八德"的发展历程,应该继续讲好"八德"的故事。

结语:
中国贡献给世界的最伟大礼物

从元典时代走来的孔子儒学,是此后两千多年中华文明的"源头活水"。许多贤达俊彦意识到,人们应该放下现代人的虚骄和狂妄,平心静气,抱着温情与敬意,去回望遥远的古代贤哲——不管是孔子,还是苏格拉底,不管是佛陀,还是耶稣——这些人类思维范式的奠定者,总会毫不吝啬地回馈给我们智慧的灵光。对于中国,以孔子儒学为代表的优秀传统文化,也是新文化、新思想的肥沃土壤和不竭源泉。对于整个世界,儒家文明在与异质文化和思想的交流中,十分有助于全球化时代多元文化的良性发展。

从2013年11月26日在孔子研究院举行座谈会，到2014年9月24日在国际儒学联合会"纪念孔子诞辰2565周年国际学术研讨会"上发表重要讲话，在不到十个月的时间里，习近平总书记两次专门就孔子、儒学与中国传统文化做出深刻论述。如果说前者是向全国发出了大力弘扬传统文化的重要信息，那么，后者则是就大力重视优秀传统文化向全世界的重要宣示。

在国际儒学研讨会与纪念孔子诞辰这样一个特殊而重要的场合与时机，习近平总书记站在世界文明与国际关系的高度，首先讲到"思想"对世界和平与发展的意义，指出中国传统爱好和平的思想直到今天依然是中国处理国际关系的基本理念。习总书记再次谈到联合国教科文组织总部大楼前石碑上的那句话："战争起源于人之思想，故务需于人之思想中筑起保卫和平之屏障。"其实，此言正深度契合孔子儒学思想。在当今时代，大力宣传孔子儒学，弘扬传统文化，正符合当今时代的主题，也是中国献给世界的最伟大礼物。

在讲话中，习近平总书记阐述了中华民族传统思想的发展阶段，客观分析了儒学发展中的几个特点，即与其他学说的"和而不同"、与时迁移和应物变化的长久生命力，还有坚持经世致用原则，儒学发展的这些特点对中华民族延续不断起了重要作用，也对当今世界解决普遍存在的社会问题具有重要意义，因而习总书记提出

要"把这个课题研究好"。习总书记的讲话立足于当今中国的实际,从哲学高度上阐发了中国传统文化修齐治平、尊时守位、知常达变、开物成务、建功立业的内在气质,系统全面地提出了中华优秀传统文化的十五个方面,这就回答了中华优秀传统文化是什么的问题。习总书记的讲话尤其注重中华传统文化的整体性和完整性,强调了中华传统文化的一体多元或多元一体特征。

2014年3月27日,习总书记在位于巴黎的联合国教科文组织总部进行演讲时,明确提出了文明交流互鉴的态度和原则。此次在国际儒联会议上的讲话,习总书记进行了进一步阐发,提出了正确对待不同国家和民族的文明,正确对待传统文化和现实文化应该注重坚持的原则:第一,维护世界文明多样性;第二,尊重各国各民族文明;第三,正确进行文明学习借鉴;第四,科学对待文化传统。文明多姿多样是认识前提,文明平等与尊重是基本态度,文明相互包容和学习使人类文明不断发展和进步,而科学对待文化传统则使前进的脚步更加稳健。只有秉持这样的原则,才有可能参透其他文明的奥妙,消除独尊、歧视、排他心理,避免无知、傲慢和偏见,进而求同存异,互相涵摄,和谐相处,共同前行。

由孔子学说与儒家文明的特质所决定,世界应更多地理解和认识儒家文明。当今世界面临着许多共同的问题,在国际儒学联合会"纪念孔子诞辰2565周年国际学术研讨会"上,习近平总书记曾经举出贫富差距持续扩大、物欲追求奢华无度、个人主义恶性膨胀、社会诚信不断消减、伦理道德每况愈下、人与自然关系日趋紧张等问题。习总书记指出:"要解决这些难题,不仅需要运用人类今天发现和发展的智慧和力量,而且需要运用人类历史上积累和储存的智慧和力量。"中国儒学便"蕴藏着解决当代人类面临的难题的重要启示"。

著名中国思想文化学者、孔子文化奖获得者牟钟鉴教授曾说,习总书记的这一文明观念可概括为世界"文明和谐"论,这是中国关于世界文明观的最新表达。这一讲话高瞻远瞩,气势恢宏,掷地有声,它明显高于"文明冲突"论,也包含了既有的"文明对话"论。这样的评价准确到位,习总书记的讲话业已引起广大学者和国际社会的广泛关注和一致好评。

习近平总书记的论述基于中国文化发展的历史经验,体现了中国传统文化的伟大智慧。习近平总书记2013年11月26日视察孔子研究院时谈道:有的外国元首看长城,就能联想到中国文化的特点在于热爱和平,不进攻侵略,而是防守自己的家园。习总书记说,长城还象征着包容与凝聚力,外来的东西,进来后也变成内生的东西。中华民族就是由不少民族共同融合形成的,中国常把外来文化本土化。这样的例证不胜枚举,佛教

中国化就是如此。

中华文明的包容性特征很早便形成了。春秋时期就有人说"和实生物,同则不继",孔子儒家集古代文化之大成,形成了"和而不同"的优秀品质,虽不苟同,但相互尊重,和平共处。只要秉持平等、谦虚的态度,了解各种文明的真谛,就能具有包容精神,实现文明和谐,就能像习总书记所说,哪里还有什么"文明冲突"?

中国先人早就看到"人心惟危",人不能"好恶无节",而应明理修身,推衍亲情,放大善性,"允执厥中"。孔子便说:"凡夫之为奸邪、窃盗、靡法、妄行者,生于不足,不足生于无度。"又说:"人藏其心,不可测度,美、恶皆在其心,不见其色。"既然"有度"与"无度"全在"人之思想",那么,中华文明"以礼制中"的意义便不言而喻。孔子是世界公认的与苏格拉底、柏拉图、释迦牟尼等齐名的伟大思想家。主张"文明冲突"论的美国学者亨廷顿也把孔子所创立的儒家文明作为与基督教文明、伊斯兰文明等相对应的基本人类文明。因此,世界应更多地理解和认识儒家文明。

儒家思想主张天人合一,民胞物与,它启示我们与自然和谐相处,呵护珍惜、合理利用有限的资源。儒家提倡以人为本,仁者爱人,这种宝贵理念可以应对科学主义、消费主义带来的人的异化,纾解现代人的焦虑。儒学关注人的生命价值,提升人的道德境界,当我们把内心深处的爱从自己的亲人向外扩展、推广,使爱心弥漫开来时,爱将充满世界,洋溢整个地球,人类将会减少很多的对抗和冲突。

儒家文明倡导和谐,强调包容。世界本来就丰富多彩,人类的文化也多元共存。单一音符奏不出悦耳动听的音乐,单一色彩绘不成赏心悦目的图画,单一文化和宗教也将使世界变得单调乏味。经济的全球化绝不意味着文化的一体化、同质化。因此,学会尊重,学会对话,拒绝冲突,放弃对抗,不同宗教信仰、不同文化背景的人相互交流,互利共赢,世界才会更美好,更富有生机!

中华传统文明的生命力在于主张与时偕行,在新的时代,古老的儒学也将立足人类所面临的问题,以全球视野进行思考,与世界所有优秀思想相互学习,以丰富、完善自我,焕发出无穷的生机。今天,地球变得越来越小,人类命运越来越荣辱与共,风雨同舟。在"即凡而圣"的孔子那里,在历久弥新的儒家思想中,人类会得到缓解现代危机的启迪,获得走出困境的灵感。

从元典时代走来的孔子儒学,是此后两千多年中华文明的"源头活水"。许多贤达俊彦意识到,人们应该放下现代人的虚骄和狂妄,平心静气,抱着温情与敬意,去回望遥远的古代贤哲——不管是孔子,还是苏格拉底,不管是佛陀,还是耶稣——这些人类思维范式的奠

定者,总会毫不吝啬地回馈给我们智慧的灵光。对于中国,以孔子儒学为代表的优秀传统文化,也是新文化、新思想的肥沃土壤和不竭源泉。对于整个世界,儒家文明在与异质文化和思想的交流中,十分有助于全球化时代多元文化的良性发展。

习总书记特别强调,马克思主义基本原理必须同中国具体实际紧密结合起来,应该科学对待民族传统文化,科学对待世界各国文化,用人类创造的一切优秀思想文化成果武装自己。中国优秀传统思想文化核心的内容已经成为中华民族最基本的文化基因,是中华民族和中国人民的独特标识。要不断发掘和利用人类创造的一切优秀思想文化和丰富知识,更好地开创人类社会的未来。

亲近孔子儒学,弘扬中华传统,以"中国思维"指导中国的内政与外交,只有这样,才能使中国文化更好地为世界所认知,才能使中国贡献的"伟大礼物"为各国所了解。

中国梦是和平、发展、合作、共赢的梦,是奉献世界的梦。习近平总书记在讲话中指出:"把中国梦同周边各国人民过上美好生活的愿望、同地区发展前景对接起来,让命运共同体意识在周边国家落地生根。"在儒学精神熏陶和浸染下的中国梦给世界带来的是机遇不是威胁,是和平不是动荡,是进步不是倒退。中国的发展离不开世界,世界的发展也需要中国。中国的发展,是世界和平力量的壮大,是传递友谊的正能量。

中国是世界上最大的发展中国家,办好中国的事情,实现中国的发展和稳定,本身就是对世界的巨大贡献。同时,中国坚持合作共赢,与中国交往的各国都会从中受益。而随着国力的不断增强,中国将在力所能及的范围内承担更多国际责任和义务,为人类和平与发展的崇高事业做出更大贡献。

RUXUE JINGSHEN YU ZHONGGUO MENG